決定版 改正

介護保険で変わるデイサービスの最新生き残り戦略

NEW HEALTH CARE MANAGEMENT

中尾浩康 Hiroyasu Nakao

2018年度

ぱる出版

まえがき

２０１８年度の改正介護保険が動き出しました。今回の改正は、医療保険との一体型で、いずれも高齢者の在宅生活を維持させるために、リハビリの強化と在宅医療系の充実が図られています。介護保険もその動きの中で、要介護高齢者の「機能の向上」と「栄養ケアマネジメント」に加算を強く打ち出して、積極的な在宅生活機能の維持を目指したものとなっています。

とりわけ、「**生活機能向上連携加算**」に表された、医療との連携によるデイサービスにおける機能訓練の充実と強化は、新たなスキームになっていると言えます。デイサービスの提供時間を2時間刻みから1時間刻みに変えて、7時間のサービス提供をベースとする実質的な減算を基調としている中で、本加算は大きなものとなりました。

医療機関や老健施設から、医師の指示の下で、理学療法士などのリハビリ専門職がデイサービスに派遣されて、協同して「個別機能訓練計画書」を作成、指導させる新たなスキームは、デイサービスのみによる「日常動作の維持」という機能訓練から、明らかに医療的リハビリのデイサービスへの取り込みを狙ったものと言えます。老健施設や病院に併設されている、あるいは母体としているデイサービスには有利な条件となり、独立型のデイにはなかなか取り入れにくい加算のように見えますが、加算を取る取らないにかかわらず、明らかにデイサービスの機能訓練をリハビリ強化に導く、強い国の政策が反映していると言えるでしょう。

提供するサービスにおいて、機能訓練は主要なサービスになりました。介護職員による歩行訓練的なものでは不十分であり、看護師による機能訓練指導員の兼務という「片手間」のようなものでは、もはや決定的な競争力を失うことになるでしょう。

また、「**ADL維持等加算Ⅰ・Ⅱ**」は、小さな加算に過ぎないように見えますが、その内容を見れば、要介護3以上の利用者に的を絞って、在宅生活を維持させようという国の強い方針を感じるものとなっています。デイサービスにとって、これからは「機能の向上」と「ADLの向上」は、必須の内容になったのです。

さらに、「**栄養改善加算**」における管理栄養士の配置基準の緩和と「栄養スクリーニング加算」の新設は、特養で定着した感のある「栄養ケアマネジメント」の「デイサービス版」として、積極的な意義を持っていると思われます。

要介護高齢者で、脳梗塞などの基礎疾患を持った方や独居高齢者では、栄養状態が悪く、在宅生活を困難にさせ、施設移管を余儀なくさせるものですが、積極的な栄養指導を、デイサービスでも実施させることで、施設入居をブロックしようという意図が明確です。

このように、今回の改正では、従来のデイサービスの内容が大きく変化をして、医療との連携の構築が必要なこと、管理栄養士の関与による栄養ケアマネジメントなど、外部との連携なしにはサービスが考えられないことが明らかになってきました。

外部との連携の必要性は、まさに地域における「**チームケア**」を構築させるものであり、地域包括ケアシステムを基礎とする地域貢献がデイサービスに求められています。今後デイサービスは、地域に開かれた施設としての性格も必要になってきました。

本書は、改正の加算の内容を詳細に明らかにするとともに、求められる切実なデイサービスの課題に迫り、デイサービス事業の生き残り戦略を考える一助になればと考えています。

2018年度 決定版 改正介護保険で変わるデイサービスの最新生き残り戦略●もくじ

第4章 「介護と医療の連携」が強まるとどんな仕事のスキルが求められるのか

第5章 生き残れるデイサービスに必要なものとは何か

第1章

2018年改正介護保険でデイサービスはどこが変わるのか

1 今回の改正介護保険は単に減算だけでは済まない

平成30（2018）年度の介護保険改正は、単に報酬の改定を意図したものではなく、国の財政難を強く反映しながら、抑制を基調したものとなっています。介護保険制度の基本的な考え方は、やはり在宅介護を重視しつつ、在宅復帰を促進するサービスに対する手厚い加算と介護予防事業の一層の深化を目指したものと言えます。

今回の改正介護保険において、デイサービス、すなわち通所介護は、これまでのデイサービスの基本的な考えとサービスの在り方を大きく変化させるものになっています。

デイサービス事業者の方々にとっては、つい目が報酬の単位数の変化に目が行きがちになりますが、単に減算基調の改定と理解してしまえば、これからの事業の将来展望を大きく見誤ることになりかねません。それほど、重要で、大きな改正内容となっていることを意識する必要があります。

減算の幅で言えば、通常規模型で2％程度（要介護3）、大規模型は、Ⅰ、Ⅱともに5％程度（いずれも要介護3）の減算であり、痛いことは痛いがそれほど深刻な減算ではないようにも見えます。しかし、減算での減収ではなく、大幅な利用者の減少を伴う減収が訪れるとしたら、単に減算による減収では済まなくなるのは言うまでもありません。

これはデイサービス事業者の方々を脅かすために言っているのではありません。国の介護保険政策が在宅重視と機能向上を図っての〝**在宅復帰を強く促す内容**〟が、今回の改正介護保険ではより鮮明になってきているからなのです。

デイサービスの改定では、とりわけ大規模型は、数字を根拠としつつ、普通規模型などと比べてコストパフォーマンスがよく、収支差額の比率が高いことをもって、5％内外の減算としています。前回の改定でもそうですが、国の改定方針は、減算を基調としつつも、国の施策に協力的で促進しようとする事業者に対しては、多くの加算を付加することで、減算へのリカバーとする方法が定着した感があります。

●今回の改正のポイント

デイサービスにおける今回の改正の特徴は、一言で言って、

◎**心身の機能向上**（機能維持ではない）

◎**栄養管理スキーム**

の導入にあるように思います。

また、これまでも言われてきたことですが、地域に開かれた地域貢献を行う施設には、それなりの加算をつけるなど、地域におけるチームケアを強く意識したものと言えるのではないでしょうか？

後述しますが、機能訓練は、その姿を大きく変えてくることになります。むろん、これまでの機能訓練が否定されたわけではなく、基本単位での減算を気にしなければこれまで通りのデ

イサービスの運営は十分に可能です。しかし、国の政策の変化はケアマネを動かし、利用者のニーズもその政策のラインに従って変化してきますので、従来の機能訓練の内容では利用者からの不満が出てくる可能性は十分にあります。

介護保険がスタートした20年近く以前のデイのサービスでは、機能訓練に特化したサービスなど想像もできませんでしたし、トレーニングマシンの導入などは想定外で、歩行訓練用の平行棒以外考えられませんでした。

ましてや、2025年問題と言われる「団塊の世代」が後期高齢者に達する時期が迫り、「団塊の世代」のニーズが、介護保険サービスのいろいろな分野で色濃く出始めています。その方々のニーズの特徴は、個人主義的な志向が強く、また健康志向も強く出ています。

個性的な自己実現のため、例えば海外旅行に行く、趣味の陶芸教室に通う、写生旅行がしたいなど、自分の希望を実現するために積極的に足腰のリハビリに精を出したり、マシントレーニングに汗を流したりといったニーズになって表れています。だから、機能訓練やリハビリ特化型の短時間デイサービスが盛況でもあるのです。

最近では、平均寿命より、健康寿命ということが注目され、男女ともに72歳を超える水準に達して、70年を超える健康な時代をどのように生きるのかが大きな話題になっています。そのような中で、国の政策だけではなく、高齢者の多くもいかに健康を保ち、元気に過ごすかに多くの関心を寄せるようになり、転倒せずに無事に過ごせたら良いというような消極的な高齢者像は減少しているのも事実でしょう。

機能訓練が、日常動作能力の維持から、ニーズを反映して、身体機能の向上への移行を促す目的の改正内容であることには注目すべきです。

また、栄養管理に関して、管理栄養士の関与と栄養スクリーニングに加算を打ってきていることにも注目すべきです。

このことは、現在の特養で栄養管理のマネジメントが定着し、栄養管理アセスメントと栄養管理指導が管理栄養士の主導の下で行われていることと関連しています。機能訓練の強化による心身の機能向上を図って、在宅復帰を促す現政策と表裏一体の政策といって間違いありません。在宅での生活維持による介護保険財政圧縮と、医療費の削減を目指した厚労省の基本政策に合致するものです。

デイサービスの在り方もこのように、特養での機能向上を図る方針と近接してきていることに注目していただきたいと思います。

これまで、機能訓練指導員の資格は、理学療法士、作業療法士、言語聴覚士の三大医療資格と柔道整復師、あんまマッサージ師に鍼灸師を加えて、一見間口を拡げ、日常生活の機能維持を広く謳っているように見えますが、**「生活機能向上連携加算」**の新設に見られる、医療との連携を強く打ち出してきたことは、デイのサービス内容を大きく変化させるものだと言えます。

まだ、改正の概要と算定要件しか出ていませんので、現場で具体的にどのような運営上の要件が必要なのかは詳細がわからない段階ですが、医師の指示を受けた理学療法士などの医療職種がデイサービスに派遣されて、連携して機能訓練をリハビリとして実施されるよう、個別機能訓練計画書に関与するという内容は画期的なものと言えます。

病院や老健施設のリハビリ室が、デイサービスの中に生まれるかのような加算の新設は、トレーニングマシンやリハビリ用プラットホームのない、またそのようなスペースの確保が困難な、規模の大きくないデイサービスセンターにとって、重要かつ難題として提示されたと思います。

また、規模が大きくはないデイサービスの厨房は、小規模型では職員やパート職員が自前で食材を調達して調理し、食事提供を行っているところも多数ある中で、管理栄養士を雇用しているデイサービスは皆無だと思います。そうすると、管理栄養士を雇用して配置している特養などの施設が独立型のデイサービスより有利となることも予想されます。

ケアマネの動向には、国の政策の変更には敏感であり、新規の利用者だけではなくリハビリニーズのある既存利用者にまで及んで、より充実したデイ施設へのサービス変更が視野に入ることは否定できません。

2 基本コンセプトである「介護予防」と「機能向上」に注目

このような大きなデイサービスの変化を前にして、どのような考え方に立つのがよいのでしょうか？

たいていのデイサービスでは、地域包括支援センターから依頼のくる介護予防デイサービス利用者は、取得できる単位数が低い割りに、送迎の手間や職員の関わり、様々な利用者からの要望などに振り回されて、あまり歓迎されているようには思えません。

しかし、この介護予防デイサービスの在り方が、今回の改正の中には色濃く反映しているといっても過言ではありません。

介護予防デイサービスは、入浴のニーズを満たしたり、レクリエーションやアクティビティを楽しんだりするといったニーズは少なく、大きなデイサービスの現場では、利用者たちがトレーニングマシンの前に並び、順番を待つような姿が見受けられます。

改正介護保険後のデイサービスでもこのような光景が想像されます。利用者が、居宅を離れ、入浴して、食事をして日がな時間を過ごすというような単純な姿は影を潜めてくるのではないでしょうか？

かつてよく話題に取り上げられた「宅老所」のようなデイサービスは、存在意義を失って消滅していくかもしれません。**デイサービスが、要介護の在宅高齢者の「居場所」という消極的な存在から、積極的な活動の場に変化するかもしれません。**デイサービスの在り方が根本から変わる、それは「介護予防」の動きの中に大きなヒントがあるように思えてきます。

さらに、これまでのデイサービスの個別機能訓練は、国の規定の中では「日常生活を営む機能の維持」を目的として、機能訓練指導員のみならず、一般の介護職員が利用者の歩行訓練などの機能訓練を行うことでもよく、一定の機能訓練計画書さえ作成できれば緩やかな機能訓練として認定されてきました（個別機能訓練加算Ⅰの要件）。

しかし、今回の改正にある「生活機能向上連携加算」に見られる機能訓練とは、明らかにデイサービスの中にリハビリを持ち込むことであり、理学療法士などのリハビリ専門職が重要な役割を持ち、医療系や老健施設が行っているデイケアサービスと競合する内容となることを意味しています。

ただでさえデイサービスは、民間企業にも広く開放されたサービスであるだけでなく、特養のような施設基準の厳しさがない、比較的軽易に開設できる介護保険サービス施設であるために、飽和状態とも言えるほど林立している現状があります。同業の競合が熾烈な地域が数多くある中で、さらに老健施設などのデイケアサービスとの競合も視野に入れなくてはならなくなった感があります。

しかし、デイサービスの開所にあたっては、どこの施設でもリハビリ施設を意識したレイアウトを持っていたわけではなく、デイケアサービスに対抗するようなリハビリ設備を設けるには、相当にハードルが高いと言わざるを得ません。

そのような条件の中でも、これからのデイのサービスの変化は「機能向上」に求めざるを得ないことを十分に意識して取り組む必要があります。まして、看護師の兼務による機能訓練しか実施できていない施設は、死活問題にも発展しかねない要素を持っているものとして、強い危機感を持つ必要があるでしょう。

今回の改正の中では、単位を算定するサービス提供時間が、7時間から9時間というような2時間の幅が、1時間ごとの算定となりました。このことは、単位数を引き下げる根拠となっていますが、実際の業務への影響はどうなのでしょうか？

短時間のデイサービスでは、利用者の回転が重要な要素であるので、1時間ごとの算定はさほど問題にはなりにくいと思います。問題は、7時間から9時間の算定でサービス提供を行っているデイサービスです。

職員の勤務時間は、多くのデイサービスでは8時間労働制を取っていると思いますので、1本の勤務シフトで可能なサービス提供時間は実質7時間から8時間、その場合でも1時間の時間差出勤による2シフト制が精いっぱいのところだと思います。

また、8時間勤務の1シフトでは、送迎の時間によっては職員の残業が常態化しているところが多く見受けられます。送迎要員だけ残してというような変則的なことは実際の業務ではなじまず、終礼や全体ミーティングなどで業務の総括がどうしても必要となります。

したがって、現実の選択は、7時間から8時間のサービス提供は、7時間から8時間の幅を取るところが多いと思われます。私の知るデイサービスでも送迎人数の多い大規模型では、朝夕の送迎が片道1時間はかかり、都市部では渋滞などマイナス要素が多く、残業の常態化さえ見られます。各デイサービスセンターでは、軽自動車などの小型車両によるこまめなピストン送迎によって時間短縮を図る努力を行っていますが、カバーすべきエリアによっては送迎時間の短縮に難があるようです。だから、多くのデイサービスでは、算定時間が短くなることによる報酬単位数の減算となるケースが大多数ではないでしょうか。

また、収入を確保するためにサービス提供時間を8時間から9時間に設定した場合は、当然のこととして職員の8時間労働を超えての提供となりますから、早出と遅出の2シフトが必要となり、より多くの介護職員を抱える必要があります。

さらに、両シフトのコアな時間帯は、人員が多く過剰となると思われます。8時間以上利用する利用者は、長時間座位を取らなければならないために、疲労も濃く静養室を十分に整備しておく必要も生じます。このことから、8時間を超えてのサービス提供は、とても合理的であるとは言えません。

このような中で、効率よく介護予防的な積極的なニーズに応えつつ、機能向上を図っていく新しいデイサービスの在り方を追求しておく必要があります。そのことは、これまでのサービス提供の流れ自体を大きく見直して、構成自体を大きく変化させることにつながります。それに伴って、職員の意識も改革する必要があるかもしれません。

通常は、朝到着して、バイタル測定後、軽くマシンなどを使った機能訓練を行い、順次入浴していく午前中の流れ、軽い嚥下体操などを取り入れた後の食事提供、食後の休憩時間、その後のレクリエーションやアクティビティの取り組み、３時のおやつ、軽い体操など全体レク、終了から送迎へという一般的なサービス提供の流れは、これでよいでしょうか？

デイサービスは、歴史的に見ても、在宅の要介護高齢者のリフレッシュ事業から始まり、在宅を離れた日中の居場所づくりと入浴ニーズに応えるものでした。個別の介護計画を実施するというよりも、家族と本人のリフレッシュという性格が強く、強い目的意識のない事業であったと言えます。

機能向上は明らかに目的意識が要求されるでしょう。どう取り組むべきでしょうか？

次頁で見ていきましょう。

3 改正の目玉は変わる「機能訓練」

　デイサービスにおける機能訓練の位置づけは、利用者のリフレッシュと日常動作能力の維持程度でした。

　個別機能訓練加算のⅠでは、機能訓練指導員の要件は常勤であればよく、専任要件はありません。したがって、看護師の兼務で簡単な個別機能訓練計画書を作成していれば、介護職員による、歩行訓練などの日常動作の維持を目的としたリハビリ的な性格の弱いもので十分です。**個別機能訓練加算Ⅱ**の要件は、個別機能訓練指導員が、５名程度の集団を対象に積極的なＡＤＬの維持を目的とした訓練を、機能訓練計画書に基づいて行うものです。非常勤でも可です。いずれにしても、医師による指示に基づく理学療法的な性格はなく、日常生活機能の維持、もっと言えば現状維持を達成できればいいというものです。

　しかし、今回の改正に盛り込まれた「**生活機能向上連携加算**」は、外部の医療的な組織から理学療法士などの専門職を派遣し、個別機能訓練計画書に参画して医師の指示によるリハビリ計画を盛り込もうとするものです。このようなことが可能かどうかを判断する必要は、もう少しこの加算の持つ詳細な内容を吟味しないことにはわからないと思います。いずれにせよ、デイサービスの機能訓練が大きく変わることには間違いないでしょう。

その根本には、機能の維持から機能の向上を図るようにバージョンアップし、在宅の要介護高齢者の施設入所を抑制すること、また、老健施設や特養から在宅へ復帰する要介護高齢者を増加させようとする厚労省の基本的な政策が反映されています。

特養においても、個別機能訓練の強化を図るため、理学療法士や作業療法士という医療の専門職を配置し、リハビリルームを整備して積極的な機能向上を目指す特養も増加しつつあると聞きます。

このような特養に併設されているデイサービスは、理学療法士等が兼務で専従要件を満たしてはいなくても、「生活機能向上連携加算」の受け皿になる可能性が十分にあり、独立型のデイサービスの脅威となる恐れもあると言えるでしょう。

これらの一連のことは、デイサービス事業を機能訓練特化型のデイと従来からの入浴・食事・レクリエーション型のデイとに2分化されることになるかもしれません。しかし、リハビリ特化型の短時間デイサービスが盛況であることを考えると、在宅高齢者のニーズは明らかに機能訓練─リハビリ強化に向かっていると言えると思います。このことを踏まえて、サービス提供の在り方を大きく見直す必要があります。

これまでのデイサービスのニーズにおいては、入浴には大きなウエイトがかけられてきました。その重要性には大きな変化はないと思います。問題は、機能訓練と入浴のニーズをどのようにうまくマッチングさせるかにあります。

午前中に入浴を実施している施設が大半だと思いますが、午前中の限られた時間の中で、十分な機能訓練メニューを取り入れ、満足度の高い機能訓練とするためには、1名の機能訓練指導員では不足し、複数名による機能強化メニューをこなす必要があるかもしれません。特に、個別機能訓練加算Ⅱを算定している施設では、5名程度を1単位として訓練を実施しますから、大規模型などでは十分な時間設定が困難になるかもしれません。

そうすると、入浴を午後にも実施する必要性も浮上してきます。となれば、入浴介助担当者が午前だけでなく、午後の担当シフトも必要となって、介護職員の増員が必要になる恐れがあります。ただでさえ、人件費比率が高めのデイサービス事業では、増員をかけることは容易なことではないと思います。

また、機能訓練指導員にあんまマッサージ師の資格者を採用している施設は、医療としての理学療法に精通しているとは言いにくいですから、個別機能訓練計画書の作成に問題が生じる恐れがあります。そうなれば、理学療法的な訓練を受けた柔道整復師か理学療法士、作業療法士などの専門職を雇用する必要も考えなければなりません。

このように、人件費を再考する必要性が生じる恐れのある今回の改正内容は、サービス提供に関する再検討が慎重かつ大胆に行わなければならないと思います。特に感じるのは、比較的軽易に開設できるデイサービス事業は、都市部では飽和状態に達しているところも多く、中小規模のデイサービスセンターが閉鎖に追い込まれるという話もしばしば耳にするようになりました。

デイサービスにおける、入浴・食事・レクリエーションのみのサービス提供では特徴がなく、ケアマネも積極的に紹介するということが少なくなっているようです。

これまでは、食事も「あそこのデイの食事は美味しい」ということが、一定の評価になり、評判として伝わったものですが、今日ではもはや評判のネタとしては魅力が乏しくなりました。

今回の改正には、さらに栄養管理の手法が多く取り入れられようとして、「**栄養改善加算**」と「**栄養スクリーニング加算**」が設けられています。利用者の栄養状態を判定して、在宅における栄養指導にまで手を拡げた活動が必要になってきます。どこのデイサービスセンターでも管理栄養士は配置されていませんから、栄養指導などを担える職員はいない状況です。

考えられるのは、特養の併設型で特養の管理栄養士を資源として活用できるデイサービスは有利ですし、給食業者に委託しているデイサービスセンターでは、給食会社の管理栄養士を利用するという可能性は考えられると思います。栄養管理に関しては、後述しますので、これ以上触れませんが、いずれにせよ、機能訓練と栄養管理の2点をとらえただけでも、新たな人材の必要性が浮かび上がってきました。

人材の新たな雇用は容易ではないですし、近隣のデイサービスと競合して利用者の「取り合い」状態のデイでは、人件費増につながる行為は相当に厳しいのが現実ではないでしょうか？

このような新しいキーワード「機能向上」と「栄養管理」とどのように取り組むべきか、後に詳しくお話をしたいと思います。

4 キーワードとなるADL向上への取り組みが地域に開かれたデイを作る!?

ここまで述べてきたように、改正介護保険後のデイサービスは介護職員中心のデイから、様々な療法士、管理栄養士、看護師など医療的な健康管理と機能向上を担う多職種が、複雑に絡み合う内容に変わってきていると言えるでしょう。

介護事業の歴史の中で、常に課題となってきたものは、実は多職種間の連携の難しさでした。端的に言えば、現在でも多くの特養の悩みとなっていますが、介護職員と看護師との役割分担と連携がうまくいかないという課題、すなわち介護―医療連携の在り方の難しさにあります。正直、それぞれの職種のリーダークラスにおいて、その人間性や協調性に依存するような傾向もあって、これぞ特効薬というような解決方法は見つからないのが現状でしょう。

そのような難しさを背景として、さらに医療職種である理学療法士などの療法士、しばしば一人部署と呼ばれる管理栄養士などの異職種がデイサービスの中に加わってくるとしたら、サービス提供の在り方が混乱してもやむを得ないかもしれません。そこへ、さらに「生活機能向上連携加算」などの新しいスキームが加われば、外部の医療関係者がデイサービスに絡むことになるので、従来のデイサービスの運営は大きく様変わりしてしまうでしょう。

ここで、一つの考え方として、地域連携に基礎を置く「チームケア」の導入を考えてみる必要があります。この考え方は、地域包括ケアのスキームの中では重要な位置づけが与えられています。地域の中に住まう高齢者が、地域包括ケアセンターを中心として、地域の民生委員、自治会、婦人会などの地域の代表、地域の医療機関の医師、看護師、訪問看護や訪問介護などの積極的な連携による支援を受けながら、要介護状態になっても、認知症になっても、住み慣れた地域に住まい続けられるというものです。

改正介護保険の内容には、多職種間の連携を多く含み、「共生型通所介護」という概念に見られる、生活相談員による地域に開かれた諸活動―地域交流の場の提供や認知症カフェなどの運営が行われる場合には、生活相談員配置加算を算定するなど、介護職員以外の職種に新たな役割と加算を配置するといった工夫が見られます。そうなれば、これらは明らかに「チームケア」そのものではないでしょうか？　様々な職種が、地域の諸機官と連携して、それぞれの特色を生かしたケアを組み合わせていく、いま、地域の中で今後の方向性を探るべきデイサービスにとっては、「チームケア」は重要な意義を持ってくると思います。

これからのデイサービスの運営において、デイに関わる多職種の連携が求めるべき軸とするものは、利用者のＡＤＬの向上ではないでしょうか？　これまでの入浴・食事・レクリエーションのデイサービスは、居場所づくりと現状維持の消極的なものでした。しかし、「団塊の世代」の高齢化を迎え、それらのニーズを体現したものは、積極的なＡＤＬの向上の達成にあると思います。与えられた機能訓練、与えられた食事、与えられたレクでは、利用者にとって、決してＡＤＬの向上は図れないのは火を見るより明らかです。

では、なぜＡＤＬの向上が大切なのでしょうか？

一般に高齢者は加齢が進むにつれて、全体的な身体機能が衰え、ＡＤＬは落ちていくものです。日常生活を営む上で、歩行能力、起ち座りする能力、立位を維持する能力など身体動作を安定的にバランスよく保つことは重要です。単純に歩行訓練などを繰り返していても、通常は自然に衰えていくのが加齢というものです。

買い物に行けなくなる、一人で入浴できなくなる、トイレが間に合わなくなるなど、ＡＤＬの低下は在宅生活を困難にしてきて、最後にはホームヘルパーの支援によっても維持が困難になって介護施設への入居が必要となります。

デイサービスにおけるこれまでの機能訓練とは、このような生活動作を維持する能力を緩やかに低下させるにすぎないと言えるのかもしれません。結果的に施設入居につながるのでは、時間的に繰り延べているだけでしょう。そこで、機能向上という新しいスキームが作られて、より積極的に在宅生活を維持して、最期まで住み慣れた住環境の中で生活できるようにしようという、厚労省の「介護予防」の方針が出されているのです。

ＡＤＬの向上は、要介護度の向上を図るという国の政策に合致して、今後新しい加算の対象になるかもしれません。決して、国の方針に従順に従うことをお勧めしているわけではありませんが、実はＡＤＬの向上こそ、デイサービスを活気づかせるものとなるのです。みなさん方のデイサービスでも、週3回の利用者が、風邪を引いて休み、復帰後は週2回になり、最期は利用中止になるケースが数多くあると思います。加齢による衰えから利用中止者の出るデイサービスは、次第に活気を失い、自然と利用者が減少してきます。デイサービスは、人が人を呼ぶという特徴があります。一人の利用中止者が出るということは、一人だけの問題では済まないということが起きるのです。国の方針がどうであれ、デイサービスはＡＤＬの向上を目指すべきです。心身のリフレッシュ、在宅を離れた居場所という意味をはるかに越えて、ＡＤＬを向上させる取り組みは、間違いなくデイを活気づかせる要因になります。

ＡＤＬの向上は、利用者本人にとっても、自己実現の可能性を拡げ、家族と温泉旅行がしたいとか、配偶者の墓参りに行きたいなどの積極的な意欲を生み出し、アクティビティを活発化させます。それらは、外出行事が増える、家庭菜園のようなみんなで楽しむイベントが生まれるなど、話題性が豊富になり、それが評判となって利用者増にもつながります。

昔から、デイサービスは「人につく」と言われます。これらの活性化の進展は、利用者と職員との距離が縮まり、職員の魅力がデイを支える重要な要素ともなるのです。

さらに、デイサービスは地域に開かれる事業であるべきです。地域密着型でなくとも、デイサービスの利用者は地域に住まう高齢者ですし、介護する家族を含めると多くの人々を包含しています。「共生型通所介護」ではなくても、地域の方々がデイサービス施設を利用する機会があり、例えば施設のガーデンで地域のガーデニングの好きな方々が、デイの利用者と一緒に野菜を育てる光景は好ましいものです。

地域の方々が出入りできる施設であることは、地震などの災害発生時には、緊急の避難場所ともなりえます。また、日曜日などにデイのホールを開放して、認知症カフェなどが運営されれば、認知症の高齢者の地域の居場所ができるとともに、見守りの目が育つことでもあります。地域の方々は、やがて施設の利用者になるかもしれません。

5 デイサービスの「特徴・魅力」を言えないところはなぜ経営が危うくなるのか

シビアなタイトルとなりました。みなさん方のデイサービスは、どのように考えておられるのでしょうか？

次の項目のタイトルとも大いに関連するのですが、経営が危うくなると予測される要因は、簡単に言って、その規模、地域、内容にあると思います。

もっと言えば、自デイサービスの特徴や魅力をズバリと言えますかということです。デイサービスがひしめく競合だらけの地域で、立派に経営が成り立っているデイサービスもありますし、さしたる競合がないのに低調なデイサービスもあります。

デイサービスは、歴史的に言って、要介護者との双方のリフレッシュ事業から始まったと言いました。介護者にとって、要介護者が自宅を離れて一日数時間デイを利用してくれたら、日常できない買い物や習い事に出かけることもできるという、どちらかというと介護者のリフレッシュの要素が強かったと思います。

このことは、デイサービスが要介護在宅高齢者の、自宅を離れた「居場所」であることの意味が強いということです。また、日本の家屋の特徴として、浴室が狭く、車いすでの入浴や入浴介助が極めて難しいという事情があります。

このことからも、デイサービスの意義は、「居場所」であり、入浴であり、食事の提供にありました。また、平屋の建屋でよい、ビルの1階の貸室でもよいという開設の容易さ、職員配置の緩やかさなど、デイサービス開設には特養などと違い施設基準が緩やかであるので、国の在宅重視の政策とともに雨後のタケノコのように拡がりました。朝や夕方など、街中では何台もデイの送迎車が行きかう光景を目にします。

簡易にデイサービスを開設しようとすると、どうしてもその規模は小規模型か普通規模型になります。

賃借する物件で大きな物件は少ないですし、その場合賃料も事業目的ですから相当かかることになります。この規模はどうしても、利用者の「居場所」が特徴になります。トレーニングマシンも1台とか窓際に歩行訓練用の平行棒程度、機能訓練指導員は、あんまマッサージ師でというところではないでしょうか？　在宅要介護高齢者の「居場所」だけの意義となれば、もはや林立するデイサービスセンターの中では、何の特徴もないということです。

次に地域、都市部と地方では、いまだに介護に関する考え方やとらえ方に違いが存在し、周囲にデイサービスがなくとも、家族介護を重視している地域では難しいものがあります。都市部では、一方通行など交通事情も大きな要素となります。送迎にかかる時間を抑えることは、サービス提供時間をしっかり確保することにつながります。道路幅が狭いとか、住宅密集地域では、送迎車両は小型化しますし、車両への投資が重要になります。送迎効率の良くない地域は、職員の残業が増え、「人につくデイ」は育ちにくいかもしれません。

一番の問題は、やはりサービスの内容でしょうか。

あなたのデイサービスの「売り」は何でしょうか？

これが即答できないならば問題です。食事が美味しいというのは、デイサービスでは最低条件です。小規模型や普通規模型では、ハード的に厨房が設けられず、弁当を業者から取り寄せて提供しているところもあります。しかし、栄養管理の手法が要求されるこれからのデイでは、致命的になるでしょう。美味しいだけではなく、栄養管理がしっかりなされていること、刻み食や流動食、糖尿や腎臓などの治療食などきめ細かい食事の対応ができることが、これからのデイでは必須になるでしょう。

そして、何よりも個別機能訓練はどうでしょうか？

うちは、トレーニングマシンが5台あるから機能訓練は大丈夫だ。

本当でしょうか？

私の知るデイサービスでは、トレーニングマシンを5台持っていますが、その利用状況は1日当たり数名しかいないところがあります。サービスは低調で、日中テーブルに突っ伏して居眠りをむさぼる利用者が何人もいます。そこは、機能訓練は、看護師の兼務、誰も機能訓練を積極的に呼びかけないばかりか、介護職員は関係ないとばかり、知らぬ顔です。ちなみに、個別機能訓練加算Ⅰを取っているのですが。

機能訓練は、やはり機能訓練指導員の持つ能力と意欲が大きいです。個別機能訓練加算Ⅱを取っているデイの個別機能訓練計画書を拝見したことがありますが、目的、目標が鮮明に描かれ、実施の状況も詳細に記載されていました。そのようなデイの機能訓練は、活発で、開始時にはマシンの前に利用者が並ぶという状況になっています。明らかに、機能訓練を受けることを目的とした、目標の明確な利用者たちです。このような利用者たちは、天候を理由に休むことはありません。また、そのような利用者に限って、レクリエーションやアクティビティへの参加が積極的でもあります。

そこで重要なポイントとなるのは、実は施設長の考え方と指導方針です。どのようなデイサービスを作るのか明確な理念を持った施設長は、利用者のニーズに敏感です。

施設長がどのようなイメージでデイを運営していくかは、非常に大切なことです。サービス提供にメリハリをつけ、サービス提供の「売り」を明確に意識して打ち出せる能力が常に要求されています。地域の特徴と利用者ニーズを的確に把握した施設長による指導態勢を構築できるかは、デイサービス事業が生き残っていくための、必須条件と言えるでしょう。

そこで、危ないデイサービスとは何でしょうか？

端的に言って、介護者、要介護者のために〝リフレッシュ事業の発想〟で運営するデイサービスは、確実に危ないと言えます。

入浴・食事・レクリエーションしかないデイは、確実に利用者減となっていくでしょう。今回の改正では、利用者の「居場所」であることに対しては、積極的な評価はありません。

理学療法士などの医療職と地域の医療機関との連携、専門職としての機能訓練指導員と管理栄養士の関与など栄養ケアへの取り組みなど、文字通り「チームケア」の取り組みを実践していくことなしには、改正介護保険の基本的なスキームに応え、生き残る戦略を立てることは不可能と言えます。

そこで、さらに考えなければならないのは、デイサービスの規模です。小規模型、通常規模規模型は、利用者人数などのスケールの割りに、相対的に介護職員の人数が多く必要となっています。明らかに大規模型よりも人件費比率は高く、経費構造が硬直化していて、柔軟な対応が困難になっています。

また、規模が小さいために、リハビリ設備などのスペースが確保できないなどのハードの問題も深刻です。このようなデイはどのようにして、生き残り戦略を立てていけばよいのでしょうか？　この深刻な問題は、通り一遍の解決方法として答えを出すのは難しいと思いますので、次の項目で詳しくお話します。

6 「小規模型」と「通常規模型」の生き残り戦略とは

あなたの施設の施設長はどのような方でしょうか？

唐突な質問ですが、このことがとても重要なのです。

黙々とやるべきことをこなす実務型でしょうか？

それとも、言われたことはきちんとするが、独自性を出すのが苦手な方でしょうか？

明るくて職員からの人気がある方でしょうか？


何度も言いましたが、デイサービスは、「人につく」と言われています。特養や老健施設などの居住施設は、ハードにつくとも言われたりします。

「人につく」という意味は、職員につく、すなわち職員に対する評価がデイサービスの人気を左右するという意味です。このことから、施設長は、いかに上手に職員の個性と能力を引き出して、利用者にサービスを提供させているかが重要になるのです。

特養などの併設型で、特養の施設長などが管理者を兼務している場合は、デイサービスを運営している実質的な管理者と考えてください。私は、多くのデイサービスを見てきましたが、施設長の持つ雰囲気や考え方が運営に色濃く出ているのを知っています。言い換えれば、施設長の魅力がデイの魅力になるかもしれないのです。

このことと規模の比較的小さい「小規模型」・「通常規模型」の運営は大きく連動してくるのです。

一言で言うと、介護保険の改正内容やその傾向に負けない魅力を身に着けたデイサービスは潰れないということです。

あなたのデイサービスの「売り」は何でしょうか？

食事が手作りで美味しい、お風呂がヒノキでできた木の香りがする浴槽を持っているとかでしょうか。自信を持って他の施設には負けない、自慢のできる要素が言えるでしょうか。

デイサービスは、利用者が直接契約しますが、間には必ず居宅介護支援事業所のケアマネジャー（以下、ケアマネ）が入っています。新規の利用申し込みは、利用者や家族が直接施設を訪れてきて、申し込むというケースはまれだと思います。必ず、居宅介護支援事業所のケアマネさんが紹介してくるはずです。

ケアマネは、紹介したい利用者と施設とのマッチングを考えてデイサービスセンターを決めてきます。そのためには、ケアマネが、施設の情報を十分に持っていること、自分が紹介した利用者の利用状況や評判を把握していることが重要です。

積極的で高い評価を得ているデイサービスは、ケアマネが紹介した利用者の利用状況を確認すると同時に、雰囲気を見るために高頻度で訪れてこられるものです。

ケアマネが見るのは、利用者の表情が生き生きしているかどうかや全体的なサービス提供の動きを見ています。介護職員が、てきぱきと利用者の動きを観察しながら、適切な動きができているかなど評価ポイントが必ず存在します。驚くほどお風呂などの設備やハード面は見ません。

ケアマネの観察のポイントは、利用者と職員の関わり方だと言ってもよいでしょう。利用者への目配りや利用者の動作などに的確な目線が送れており、利用者が主体的に動けるようにしているかなどはとても重要だと思います。

ケアマネから高い評価の得られるデイサービスは、必ずケアマネが「良い職員さんがおられますね」などの声をかけてくれるのです。

あなたのデイサービスはいかがでしょうか？

ケアマネに強く支持されるようなデイサービスは、介護保険の改正内容に左右されず、潰れないと言えるのです。もし、このことに自信が持てないのであれば、深刻なことと受け止め、早急に生き残り戦略を立てる必要があります。

規模の比較的小さなデイサービスは、リハビリ設備などを設けることが困難であるということを前述しました。リハビリ強化が、ハードが問題なために、困難となるデイサービスはダメと言えるのでしょうか？

私はそうは思いません。「生活機能向上連携加算」は、月に２００単位、個別機能訓練加算を算定している場合には１００単位が算定されます。

利用者の1回当たりの利用に際しては、週2回利用としても20単位あまりの差額しかありません。改正の趣旨は、算定が取れないとだめだということではないのです。大切なことは、身体状況を把握している医師や医療機関との連携、もっと言えば機能訓練実施に当たって、医療と適切なコミュニケーションが取れていますか、ということなのです。

実際に現実の医療機関や病院の状況を考えるとき、この「連携加算」を取ることは容易ではありません。

おそらく、医療系の特養などで、グループからの医師が嘱託医できている、機能訓練指導員が病院などから派遣されている実績がある、などでない限りは簡単には取れない加算だと思います。

それでは、実際には機能訓練のリハビリ強化方針には、どのように対応したらよいのでしょうか？

まずは、自分の施設の個別機能訓練計画書の内容をチェックすることをお勧めします。とりわけ、施設長や生活相談員は、機能訓練指導員に作成を依存しきって、目を通すことがほとんどないというのでは困りものです。個別機能訓練計画書の作成に当たっては、利用者の直接的なニーズを聞くだけでは作成につながりません。

当然ながらケアマネさんとの情報交換、これまで受けてきたリハビリなどの医療機関からの情報がないと適切な計画書の作成にはつながりません。これらを機能訓練指導員に「丸投げ」状態では、とても対応することはできないでしょう。

ここは、施設長と生活相談員が、積極性を発揮して、利用者がかかっておられる医療機関や病院のリハビリ室や地域医療連携室に連絡を取り、情報収集とコミュニケーションを図ることをお勧めします。そうすれば、下肢筋力の強化や、膝関節の強化など具体的な機能訓練の課題が見えてきます。

デイサービスの機能訓練の本来の目的は、日常生活動作が円滑に行われるようにすること、つまり、自力でトイレに行ける、入浴時には洗身が自分でできるなど介助を受けることなく、自立する能力の維持にあります。

積極的なＡＤＬの向上には、リハビリという理学療法的な施術が必要であるかもしれませんが、デイサービスはリハビリ施設ではありませんから、機能の向上という趣旨が守られることを意識すれば十分と言えると思います。

施設の規模が小さいことの良さは、利用者と職員との距離感が近いということです。狭い施設の中で、平行棒を行き来するような味気ないリハビリでは、よくなろうという意欲もわいてきません。

デイサービスとは、在宅のサービスであること、地域社会の中で生活していることを考えるなら、施設を出て、充実した散歩をする、外出行事を増やすなど生活に役立つリハビリ効果のあるメニューは作り出せるものです。趣旨を生かす創意工夫、そこに活路はあるのです。

7

「機能訓練指導員」の資格要件とは何か

機能訓練指導員の資格要件は、今回の改正で鍼灸師も認められるようになりました。理学療法士、作業療法士、言語聴覚士、柔道整復師、あんまマッサージ師に鍼灸師が加わり、幅広い職種によって、日常生活動作の機能向上を図るように改正されました。

しかし、何度も指摘してきたように「生活機能向上連携加算」に見られる、デイサービスへのリハビリの取り込み方針に対応するには、どのような要件が必要となるでしょうか？

個別機能訓練計画書を作成するに当たっては、利用者ニーズの吸い上げだけでは不可能だと言いました。利用者がかかっている医療機関との何らかの連携やコミュニケーションが必須だとも言いました。

そうなれば、医療機関からの指示や助言があるわけですから、単純な歩行訓練やマッサージ的な施術では十分とは言えないでしょう。少なくとも、柔道整復師が身に着けている理学療法的な施術や、関節、筋肉に対するリハビリ的な知識や要素が最低限必要だと言えます。

個別機能訓練計画書に、リハビリの要素をしっかり盛り込みながら詳細に作成できる知識が重要だと言えるでしょう。もし、あんまマッサージ師の資格で機能訓練指導員を任命しているデイサービスでは、今回の改正を受けた実務者の研修を受けさせるなど積極的な対応が必要となります。ただ、あんまマッサージ師では、デイの機能訓練指導員として内容が不十分ということではありません。デイは何度も言うように、「人につく」のです。利用者から歓迎され、人気のあるあんまマッサージ師の方の施術は、多くの利用者に歓迎され、喜ばれているのですから、デイサービスにとって重要な要素であることに変わりはありません。

ここで、上記の療法士たちの採用に関してお話しておきたいと思います。ここ数年の理学療法士と作業療法士の人件費は、はっきり言って上昇傾向にあります。最近では、専門学校だけではなく、4年制大学でも医療系の学部ができて、理学療法士や作業療法士の養成を行うようになってきましたが、もともとこの両資格は専門学校でも3年制や4年制を採用していて、2年で卒業できる介護福祉士養成校のように容易に有資格者を増やすことができませんでした。

そこへ高齢化社会の進展によって、病院でもクリニックでも、整形外科とリハビリテーション科は高齢者の受診が増加して理学療法士と作業療法士へのニーズが高まったこと、脳梗塞や脳出血の治療が進歩して、発症から早期のリハビリが定着したことなどがあって、両療法士のニーズが非常に高まり、深刻な人材不足が起こっていることが、現在も継続しています。言語聴覚士に至っては、そもそも養成学科を持っている専門学校も少ないですし、卒業後はたいていが大きな病院に就職が決まり、まず介護施設などに志望してくる者がいないのが現状です。

初任給もかつては、手当込みで20万くらいが相場でしたが、現在は経験2~3年の療法士であれば初任給は25万を超えてきています。そこへ行くと、柔道整復師はここ数年で養成校も増えてきましたし、資格取得後すぐに整骨院の開業というわけにはいきませんから、整骨院での勤務に飽き足らない柔道整復師が介護施設の機能訓練指導員として活躍しているようです。

もっと言うならば、これまで機能訓練が、デイサービスの付随的なサービスのような位置づけで実施してきたような施設では、大いに考え方を変える必要があるでしょう。**医療との連携を視野に入れた、より詳細な個別機能訓練計画書が必要となるので、作成経験の豊富な機能訓練指導員が実務に当たらなければなりません。**

いわば「チームケア」の一員として、居宅のケアマネさんとも密な連携を取り、デイサービスの介護職員とも必要な連携を生み出す能力が重要なのです。

そうなれば、機能訓練指導員が複数名必要となるかもしれません。より専門職として機能訓練に特化したような動きのできる指導員と、利用者への施術に長けた指導員の2名体制を考えてもよいのではないかと思います。また、個別機能訓練加算のⅠを算定しているデイサービスでは、これまでの、レクリエーションの一環のような介護職員による歩行訓練などは、見直す必要があります。算定要件をきちんと満たすだけではなく、意識的に介護職員の業務の中に取り入れて、計画的な実施に持っていくべきです。

そのためにも、**介護職員にも「チームケア」の意識を持ち込まなければなりません**。これまで述べてきたように、入浴・食事・レクリエーションがメインのデイサービスから、利用者の「機能向上」を明確に位置付けたデイサービスへと、規模の大小を問わず、多かれ少なかれ舵を切らなければ、時代のニーズには応えられなくなるのは目に見えているからです。

デイサービス施設長は、このような改正介護保険の詳細をきちんと読み解き、自分の施設のサービスの在り方、組み立て方をしっかりと再検討してください。単に、機能訓練指導員の業務の見直し程度の意識では、対応は十分とは言えません。

そうなると、施設長はデイサービスの職員の勤務体制、人件費を考慮した人員構成をも見直す必要があるかもしれません。単純に配置基準を満たすだけではなく、他のデイサービスとの明確な差別化を図ったサービス提供の実施と、そのための人員計画を再考する必要性もあるでしょう。

そこでポイントとなるのは、非常勤職員やパート職員の配置の仕方です。多くのデイサービスの中核をなしているのは、この非常勤やパートの職員です。所得制限を抱えて勤務している職員や、朝から昼までとか、昼から夕方の送迎までとかいう様々な形態の勤務シフトがあろうかと思います。土曜日や祝祭日はだめとか、勤務割を作成するのに、施設長は毎月苦労されているのではないでしょうか？　頭数はいるのに、月間のシフトの中で特定の日には不足が生じる、ある日は必要以上の人員が勤務することにならざるを得ないなど、実際の勤務割作成はなかなか大変なものです。そこへ人件費のコントロールのための勤務調整を導入しなければならないとなると、その苦労は大変なものでしょう。

その点、この機能訓練指導員は非常勤であっても、算定要件さえ満たしていればよいので、比較的配置しやすいかもしれません。しかし、サービスの提供内容を見直し、例えば午前中に機能訓練を集中的に行うなどとなれば、これまでの職員配置では対応が困難になる恐れがあります。サービス提供を優先して勤務を組んでいると、いつの間にか人件費の所要が膨らむことになるかもしれません。

そこで、全体のサービス内容を見直す作業は、機能訓練を軸に考えてみればどうでしょうか？機能訓練を優先したシフトを軸に修正してみるのも一つの方法です。

8 潰れるデイサービス、生き残るデイサービスの違い

ここまで、改正介護保険のトレンドが、大きく機能訓練の強化から機能の向上というリハビリ効果を重視した内容に変わることを強調してきました。デイサービスの規模の大小を問わず、多かれ少なかれリハビリとしての要素を機能訓練に取り入れない限り、流れからおいていかれるのは明らかです。在宅復帰を強調した国の政策は、特養から波及し、老健施設へと移行して、デイサービスは施設からＡＤＬを向上させて在宅復帰をしてくる要介護高齢者の受け皿の一つになるように位置付けられたと思います。

しかし、実際の特養など施設での状況は、利用者が容易に在宅復帰を果たせるほど問題は単純ではないというのが現実的だと思います。在宅介護を続けてきて、ようやく施設入所を果たした家族介護者が、再び在宅に受け入れることはほぼあり得ないと思います。また、在宅復帰を果たすためには、介護用ベッドなどの設備や居室などの整備を再び準備しなければならないなど、現実的に受け入れ得るケースは、きわめて少数であるに違いはありません。

とはいえ、厚労省の打ち出した、リハビリ強化による機能の向上を図るという方針には変動はないと思います。施設入居者の在宅復帰というよりも、前述したように介護予防を強化する基本方針がより明確になったと考えるほうが適切ではないでしょうか？　地域包括支援センタ

ーによる介護予防の対象者が、次第に要介護に移行してADLを低下させ、施設入所のニーズに一層の拍車がかかることを防止するために、「介護予防通所介護」の内容をベースに機能強化を図る方針を打ち出してきたと考えるのが自然のような気がします。

となれば、今後のデイサービスにおいては、機能訓練が提供するサービスでの主要メニューとなり、栄養管理と抱き合わせて、ADLの低下を食い止め、在宅での生活を維持させようという流れになっていくでしょう。明らかに、これからはデイサービスのニーズは入浴などの従来のコアなものから、機能訓練の強化などさらに能動的な内容が要求されてくると思います。

そう考えてくると、ただでさえデイサービス事業が過当競争気味で、利用者の奪い合いのような状況にあるところでは、改正介護保険以降のニーズの変化についていけないデイサービスは、縮小ないしは撤退も予想されることになります。

その中でまず深刻な状況にあるのは、機能訓練指導員を、看護師の兼務で行っているデイサービスや非常勤の看護師で賄っているところであり、今後の変化についていけない可能性があります。看護師は理学療法的な医療の知識や訓練に乏しく、機能訓練のスキームが誕生したときに、それこそ暫定的に医療資格者である看護師でも兼務は可能としたことに始まります。急に、理学療法士などの専門資格者の確保が困難なデイサービスを救済する目的であったのです。

しかし、機能訓練指導員兼務の看護師の存在が一定程度定着し、当たり前のようになってしまったというのが実情のようです。このようなデイサービスでは、専門の理学療法的な有資格者の確保が必須と心得るべきです。また、機能訓練加算を取っていないデイサービスも同様に、いち早く機能訓練指導員の有資格者の確保に動かないと、深刻な事態に陥るものと考えて間違いないでしょう。

さらに、何度も言ってきました「入浴・食事・レクリエーション」の要素を主軸にサービス提供を行ってきたデイサービスも、危険だと言えると思います。現在では、いわゆる小規模多機能型居宅介護の事業も定着して、施設数も増加しました。小規模多機能型の事業は、通いのサービス（デイサービス）と泊りのサービス（ショートステイ）、さらに訪問介護という3つの機能を持っていること、単位の算定が、いわゆる「まるめ」と呼ばれる要介護者が保有する利用単位をすべて受け取り、介護保険の他のサービスが受けられない在宅サービスだということです。

泊りのニーズを持つ利用者、デイサービスの実際において、休止や利用停止の理由において「ショートステイ利用」を併用している利用者の数は少なからずあると思います。しかし、ショートステイを行う施設数は、特養が中心であるため十分とは言えず、数か月待ちという実態には変化がありません。そうなれば、家族介護者サイドで、泊りのニーズが強くなってきた場合には、必要な時に利用が可能な小規模多機能型居宅介護に移行するのは当然とも言えます。また、老健施設やリハビリテーション病院などを退所、退院してくる要介護高齢者を抱えるケアマネが、いきなり完全な在宅復帰を果たせる力があるのどうかを懸念して、泊り機能を持った在宅サービスである小規模多機能型居宅介護にサービスを振ってきても、決して不自然ではありません。

前述のデイサービスでは、「ショートステイ」利用を機に休止した利用者が、復帰をされずに、いつの間にか小規模多機能型に移行していたということは、実際に起こっている事実です。

そのように考えてくると、生き残っていくデイサービスとは、この小規模多機能型に負けないサービス内容を持つ必要があるということになります。時代のトレンドである機能訓練の強化と栄養管理システムの導入を何らかの形で提供できないデイサービスは、間違いなく潰れる坂道を転がり始めるでしょう。

しかし、ここで誤解をしないでいただきたいのは、デイサービスがリハビリ施設やリハビリ特化型の施設のようにならなければ、生き残れないのかということです。答えはノーです。デイサービスという介護保険制度でのカテゴリーには、要介護者と家族介護者のリフレッシュという内容はしっかり込められていますし、在宅を離れて、要介護高齢者の日中の「居場所」を提供するという機能は、決して否定されていないのです。

問題は、どのような「居場所」であるかということではないでしょうか？　トレーニングマシンを並べて、リハビリ施設化することは実は必要ではありません。デイサービスの機能には、ＡＤＬの維持、日常生活動作をしっかりと維持することが入っています。それは、トレーニングマシンの存在や病院のリハビリ化で、理学療法士の行っている専門的なリハビリを提供することと必ずしも一致してはいないのです。

立ったり座ったりする動作がスムーズであること、安定した歩行ができること、トイレが自立していることなどが、自立できていれば在宅生活は十分に可能であり、それらを向上させるメニューをどれだけ自分の施設に取り込めているかです。

9 これからのデイサービスに求められることとは

ここまで、今回の改正介護保険の主要な内容とそのトレンドについてお話ししてきました。また、これからのデイサービスがどのようなトレンドの内容をサービスに取り込み、改革すべきかということも提案してきたと思います。さらに、改正内容を受けて、どのようなデイサービスが危ないのかということも具体的に述べてきました。

これからのデイサービス像を考えるに当たって、今一度介護保険制度の中で、デイサービスがどのような役割を担っているのか再考することも必要かと思います。私は、介護保険制度発足前のデイサービスを経験していますが、利用の可否を含めた行政の関与の深さと「お役所仕事」的な利用者への対応が印象に残っています。

当時は、今のようなワゴン車や軽車両による送迎などはなく、いわゆる「バス停」方式でした。すなわち、利用者は、決められたピックアップポイントで、バス停のように集合して待ち、デイサービスのマイクロバスが巡回して拾って回るというもので、律義な高齢者は早めに出てきて待っていて、トイレに行きたくなって自宅でトイレをしている間に送迎車が行ってしまうということもありました。

当時は、利用者はお客様という意識はありませんでしたから、送迎便を逃した利用者を、後に個別で迎えに行くというようなことはなく、また、要介護度のない時代ですから、完全に自立した利用者でも昼間独居という理由での、社会的利用も多かったものです。

その頃のデイサービスの趣旨は、「家族介護者のリフレッシュ」が主な内容であり、家族介護者の自由時間の確保が主要な目的の一つでした。

在宅の寝たきり要介護高齢者は、自宅での入浴が困難で、当時は訪問入浴サービスもなく、入浴ニーズに対しては、デイサービスセンターが行政からの依頼で「寝たきり入浴サービス」という、入浴ニーズに応えるだけの単独サービスを実施していました。

利用に当たっては、家族が利用目的を書いた申請書を役所の高齢福祉課に提出し、かかりつけ医からの「入浴意見書」を添えて、利用決定が行われていました。利用施設は地域割で、自由な施設の選択は認められず、行政から指定されていたものです。

デイサービスセンターの多くは特養の併設型で、デイサービスの機能は、時には在宅要介護高齢者の「特養の待機」という性格を持ち、同様に家族介護者の「リフレッシュ目的」ということで、特養併設の「ショートステイ」の利用が普及し始めた頃です。

今日のデイサービスの歴史的な背景は、このような「リフレッシュ」と「社会的要請」を基本として、全国に拡大していったという経緯があります。

このようなデイサービス事業が、大きく変化したのは、やはり介護保険制度の導入からです。要介護度による利用の制限や保有する利用単位数の設定などにより、健常者の社会的利用はなくなり、比較的自由であったサービス内容の設定は、送迎加算や入浴加算などによって、送迎、入浴、食事、レクリエーションというデイサービスの基本的な姿が固まりました。

この頃には、送迎は現在のように、リフト付きワゴン車による個別送迎が定着しました。介護保険前には、私が関わっていたデイサービスでは、全国に先駆けて、個別送迎でベッドサイドから行っており、当時は、個別送迎などは効率の悪い不合理なものとして、冷たい視線を浴びていましたが……。

ケアプランが定着して、デイサービス利用者の介護計画が具体性を持ち、目的が明確になっていくにつれて、利用者のニーズも明確になり始めました。住宅改修にも介護保険は改修費の支給を行うようになりましたが、1回のみであること、金額が20万円程度でそれほど大規模な改修は不可能でした。せいぜい歩行や安全確保のための手すりの取り付けが行えるぐらいであり、浴室の改装などは困難な状況でした。

日本の住宅事情の中では、とりわけ浴室は狭く、またいで入る深い浴槽は要介護者の入浴には適さないということもあり、デイサービスにおいてはまず入浴ニーズが定着していきました。また、老人クラブ的であったレクリエーションも、様々なリハビリ的な内容を持ったアクティビティが生まれ、ともすれば時間つぶし的な内容から積極的な意義を持ったものに変化しました。

デイサービスは、要介護度1から3程度の軽度から中度の在宅ニーズに応え、また要介護度4や5の重い入浴ニーズにも応えるものとして、デイサービスのフロアでは、自由に歩き回れる軽度の方々とフルリクライニングの車イスに横たわる重度の方が混在する光景が見られるようになりました。

介護職員の側からも、比較的軽度の要介護者と日勤の勤務のみということで、当時から盛んになった「2級ヘルパー資格」取得の卒業生が働きやすい介護施設として人気が定着し、豊富な介護人材を背景として、あっという間にデイサービスセンターが全国に拡散しました。賃貸物件でも開設可能な軽装備と白ナンバーでの送迎が可能ということで、民間の事業者が多数参入してきました。

さらに、認知症高齢者の居場所づくりから、「宅老所」と呼ばれた民家を改装した小規模デイや認知症対応型デイサービスが生まれ、デイサービスの機能は多様化するようになってきたのです。

このような一連の流れの中から言えることは、デイサービスは、在宅要介護高齢者にとって一貫して在宅を離れた「居場所」であり続け、その強いニーズに応えるものであったということです。このことは、改正介護保険後の現在も少しも色あせてはいないことを強調したいと思います。

最近では、短時間の機能訓練特化型のデイサービスが注目を集めていますが、デイサービス事業の根幹は、決してゆるいではいないと考えています。

これからのデイサービスを考えるとき、まず前提として、地域の要介護高齢者にとって居心地の良い空間であることは必須の要件であること強調しておきます。

また、デイサービスの存在意義は、在宅生活の維持を希望する利用者にとって、日常生活動作能力を維持すること、さらにこのＡＤＬを向上させる積極的な取り組みがデイサービスに期待されているということを明記すべきと思います。

在宅であれ施設であれ、要介護利用者はその自己実現を図り、希望する場所で希望する生活を営むことは基本的な権利であると考えます。

介護サービスは、これらの自己実現の思いに応え、実現を支援するものであることが極めて重要です。積極的で能動的なデイサービスが、ＡＤＬ向上を実現するものとして、加算にとらわれず、独自のリハビリ機能を果たせるようになることは、これからのデイサービスにとって必須の要件であることを強調しておきます。

第2章

「機能維持」だけでは生き残りは難しい本当の理由

1 要介護高齢者の〝日中の居場所〟の提供で終わってしまえば経営は危うくなる

前章では、要介護高齢者の居心地の良い場所であれと強調しながら、「日中の居場所」の提供だけでは経営が危うくなるとはどういうことなのでしょうか。その理由は簡単で、今や、〝日中の居場所〟であるデイサービスは、そこら中にあるからです。朝や夕方に、幹線道路を行き来するデイサービスの送迎車の多さを見て、危機感を感じたことはないでしょうか。デイサービスとは限られた地域の中で営む事業であるとしたら、数多くのデイの送迎車が行き来する光景は、まさにデイサービスが地域でひしめいていることの証拠であるのです。

もはや、「日中の居場所」でしかないなら、何の特徴も個性もない消えゆく存在と言っても過言ではないと思います。

私が知るデイサービスで、一日のサービス提供の流れが、午前中はお茶とおしゃべりで待機しながら入浴、午後は長い食後の休憩時間と一部の利用者しか参加しないアクティビティ、3時のおやつ、全体での軽い体操をやって、お帰りの送迎という施設があります。あまりに間延びした時間の中で、職員は職員同士のおしゃべりや、あるいは気の合う利用者とのおしゃべりなどにうつつを抜かし、あちこちのテーブルでは何人もの利用者がひたすら居眠りをしたり、数名で花札をしている……。利用者の立ち上がり介助や口腔ケアにも職員は目を向けない……、こんなデイサービスは単に「日中の居場所」そのものなのです。ちなみに、このデイサービスは遠くない将来に閉鎖が予定されるようになりました。

このようなデイサービスに、居宅介護支援事業所のケアマネが足を向けるでしょうか？　関心を持って関わってくるでしょうか？　居宅のケアマネは、利用者をデイサービスに紹介したとしたら、利用者は満足して利用しているのだろうかとか、ＡＤＬはどうなっているのだろうかとか、身体的な変化や満足度に大いに関心を持って注目します。また、提供するケアプランには、長期的、短期的な介護目標、達成目標を提示しています。当然のこととして、ケアマネは、実施状況に強い関心を持っていますから、デイサービス事業所からの利用者情報の提供は大歓迎です。「穏やかに過ごされています」「休まずに来られています」程度の報告では、決して満足されません。きちんと歩行訓練をやっているのだろうか、積極的に利用者は取り組んでいるのだろうか、どの程度下肢が強化されたのだろうかなど、様々な関心を抱いています。

一方では、ケアマネは30人以上の利用者を抱えている方が多いですから、月末の利用状況の処理と月初のサービス提供票の交付目的の戸別訪問で手一杯の状態です。

ですから、**こまめに利用者のＡＤＬの状態やサービスへの取り組み方、新たな課題などの情報のフィードバックをしてくれるデイサービスには、ケアマネは大いに関心を持っておられます。**今回の介護保険の改正で、新たなスキームや加算が打ち出されましたから、ケアマネにとって自分が関わるデイサービスがどのように対応してくるかは重要なことなのです。

利用者の利用状況に関する情報提供もなく、ただ毎月同じ内容のサービス提供票の作成、交付を依頼してくるデイサービスに対してはケアマネの関心は薄れます。ケアマネが、利用者の家庭訪問を行ってサービス提供票に捺印をもらうシーンでは、時間的に余裕がなくじっくりと利用者からの話を聞くということにはなかなかなりません。基本的に利用者からの不満や新たなサービス利用のニーズに遭遇しない限り、じっくりと耳を傾けることはないでしょう。

だから、**デイサービスの施設長や生活相談員は、単にサービス提供票の依頼だけではなく、積極的にケアマネに利用者情報をフィードバックすることを心がけるべき**です。

そのためには、日常の利用者の状況を観察するだけではなく、「日中の居場所」として、ひたすらじっと利用者が過ごしているという内容では報告することもないでしょう。ケアマネは、いわば介護保険法の「生き字引」というくらい、改正の内容や加算や単位のことに精通しています。利用者が限度枠の中で、希望するサービスが最大限に受けられるように苦心しながら、サービス提供を計画しています。利用単位数の変化や新たな加算には、誰よりも関心を持っているといってもよいと思います。

ですから、利用している施設の生活相談員やケアマネから積極的に利用者の現在のニーズやＡＤＬの状況の報告がもたらされることは、何より歓迎されることです。このような施設とケアマネとの良好なコミュニケーションがとれるかどうかは、デイサービスの死活問題と言っても過言ではないでしょう。

利用者は、もちろん生身の人間であり、日々変化しているものです。前回の利用時とは、少し異なった状況を必ず持ってきているものです。デイサービスの介護職員は、特養などの居住施設とは違い、限られた利用時間の中で、利用者に対してその変化やＡＤＬなどの状況をしっかりと観察していかなければなりません。ですから、利用者と接している限られた機会を生かすためには、高い緊張感を持って介護に従事しなければなりません。

デイサービスが盛んになってきた頃、「2級ヘルパー」資格取得者が介護の仕事に従事しやすい職種としてデイサービスがあったと言いました。確かに特養などよりも軽度な自立度の高い利用者と日勤だけの勤務のしやすさを指摘しましたが、逆に要介護度が徐々に変化していく要介護2や3という利用者は、決して対応が容易な方々というわけではありませんし、日勤のみの勤務では、夜間や在宅での生活状況が観察できません。

ディサービスにおけるケアには、限られた時間の中での観察力と臨機応変な対応能力が要求され、ある意味では特養など居住施設にはない介護の独特の難しさを感じています。長年介護の仕事に従事してきた介護職員からは、デイが一番難しいという声もきかれるのです。

ある意味では、デイサービスは高度なコミュニケーション能力と対応力が要求される重要な介護サービスと言えるでしょう。このようなデイサービスの特性を忘れ、あるいは身に着けることなく、ひたすら利用者の「日中の居場所」の提供にすぎないとしたら、潰れるのは必然的と言えるのではないでしょうか。

これまで述べてきたように、在宅の利用者というのは介護保険利用者の最前線であり、今後のニーズをけん引する存在でもあります。また、国が打ち出す新たな傾向や方向性が体現されてくる重要な在宅サービスが、実はデイサービスなのです。しっかりと情報のアンテナを張り、日々緊張感を持った事業運営が必要な業種なのです。今日25人いた利用者が来週には10人に減るかもしれない難しい事業です。それも明確な理由がわからないまま、いつの間にか利用者が減少している……、潰れていくデイは、多かれ少なかれこのような転機をたどるものです。

2 これからのデイサービスに欠かせなくなる「機能の向上」のポイント

能動的なデイサービスは、居宅介護支援事業所のケアマネと密接な連携を狙い、時代のトレンドに敏感に反応しています。前述しましたが、居宅のケアマネは、介護保険制度の改正があるたびに、その傾向と政策をサービス提供に取り込もうとした動きをします。

そのケアマネの動きを見ながら、能動的なデイサービスは新たなサービス提供のあり方を変えてきています。今回の改正介護保険の主眼は、まさに利用者の「**機能の向上**」にあります。これまでも、いかなるデイサービスでもリハビリ的な要素を強化しないままだと、今後の展望が開けてはこないことを強調しました。

それでは、この「機能の向上」とはどういうものなのでしょうか。なぜ「機能の向上」が重要であるのかと言えば、「機能の向上」によって、在宅の要介護高齢者が施設入居に向かう動きをブロックできることがポイントとなるからです。

家族介護の負担の軽減から動き出したデイサービス事業ではありますが、最近では、様々な統計を見るまでもなく、独居の高齢者が著しく増加しています。コンビニを見ても、少量パックのような総菜が並び、独居の高齢者を意識した商品構成が目立ち、高齢者がよく買い求めているという話を耳にします。加齢に連れて、自立していた高齢者は要支援となり、「介護予防デイサービス」の門を潜り、やがてＡＤＬの低下とともに本格的なデイサービスの利用に移行してきます。

それでは、独居ができる条件とは、何でしょうか。それはまず、トイレが自立できている、整容や衣服の着脱が自立できている、ある程度の日常の食材などの買い物ができているなど、日常生活に必要な動作が自立できていることにあります。このことは、ある程度長い距離を歩行できる力があること、上下肢のバランスが取れて筋力を一定程度保っていること、膝関節の柔軟性がある程度保てていること、認知症状がないか、あるいは日常生活が営める程度の軽度の認知症であることなどを意味しています。また、仮にある程度の認知症状があっても、地域の見守りや支援が期待できれば、自立した生活が営めることにもなるでしょう。

これらがきちんと整えば、要介護になっていても、在宅での生活が可能と言えるのです。独居高齢者の自立という課題は、国の政策においても重要な意味を持ち、自立した生活を可能とするために、これまでも「機能の向上」ということが盛んに言われてきました。

当初は、特養などの施設サービスに、機能の向上による在宅復帰を掲げ、在宅に復帰させたケースには、特別な加算が設定されてきました。しかし、実際の施設サービスでは、逆に入居者、利用者の重度化が進み、特養の入居要件が要介護度３以上になりました。また、栄養ケアマネジメントを導入するなど、在宅復帰の条件を整えるための様々な施策が登場してきましたが、入居者、利用者の重度化を止める力とはならなかったのです。特養などの施設サービスにおいて、十分な「機能向上」の成果が期待できないとなれば、当然のこととして、在宅にいる要介護高齢者の施設移行をなんとか食い止めようということになったのです。

前述したように、自立した在宅生活を営める条件は、生活能力を維持するに足るADLを維持する、あるいは向上させることにあります。デイサービスには、「日中の居場所」だけではなく、必然的に入浴ニーズに応えることが要求されてきましたが、それだけにとどまらず、最近の課題は、独居高齢者にいかにして在宅生活を継続させられるかに移ってきたために、今回の介護保険の改正では、明確に「機能の向上」が打ち出されてきました。

次々と在宅から施設へ要介護高齢者が移行すると、介護保険財政を担っている地方自治体の財政は大きく圧迫されることになります。施設ニーズが高くなれば、特養待機者○千人というように注目され、施設建設を計画せざるを得ず、建設費の補助金などの財政負担が重くなります。何より施設入居者は、介護保険の利用単位限度額一杯を使うことになりますから、在宅と違って著しい負担増となるのです。

これらの状況を考えると、これからのデイサービスの課題は、在宅要介護者の施設移行をブロックし、在宅生活を継続できるような、ADLの維持と向上が重要であることが明らかだと思います。ですから、機能訓練特化型の短時間デイサービスが、注目され、盛況であるのは当然の帰結と言えるでしょう。

これからのデイサービスは、これまで続けてきているサービス提供の流れだけでなく、その内容も真剣に再検討する必要があります。「健康体操」的なリハビリニーズへの取り組みでは、全く不十分となり、利用者のリフレッシュを図るだけではもはや意味をなさなくなるかもしれません。**これからは、「機能の向上」を図るために、もっと具体的な目標設定が必要となるで**

しょう。また、利用者一人ひとりの身体機能についての課題を具体的に挙げて、必要な取り組みを検討しなければならないと思います。

トレーニングマシンのあるなしに拘わらず、一人ひとりのリハビリメニューを考え、実施するためには、もはや、看護師の兼務のような中途半端なスタンスでは対応できません。専門の機能訓練指導員の配置は、避けて通れない課題です。どちらかというと形式的になりがちな個別機能訓練計画書は、実施の具体性を備え、実施記録をもとにした機能訓練の成果と評価が重要になるのは間違いないでしょう。

今回の介護保険の改正を受けて、意識の高いデイサービスでは、サービス内容の見直しなど、すでに積極的な動きを始めています。「機能の向上」は、日常生活を営むに足るＡＤＬの維持と向上にあります。歩行力や姿勢を保持する力、認知機能の維持など日常生活動作をスムーズに保ち、まさに課題である独居の要介護高齢者が、在宅生活を継続できることに貢献できないと評価の対象とならないかもしれません。

そもそもデイサービスの内容には、日常生活動作を維持する生活リハビリというものが入っています。決して、病院やクリニックのリハビリ室のような、リハビリに徹した内容が求められているのではないのです。膝関節の機能が低下したり、下肢筋力が衰えたりした場合は、在宅での生活が著しく困難になるのは目に見えています。リハビリの器具を用いなくとも、サービスの中に散歩を取り入れたりした際には、少し坂道を歩くなどして膝関節や下肢に負荷をかけてみるなど、いくらでも生活リハビリの課題は見えてきます。

3 改正の眼目は要介護度3以上の「機能向上」にある

前項で述べたように、日常のデイのサービス提供の中に、生活リハビリの要素を取り入れ、「介護予防」的なメニューを強化することは必須であると言えます。要介護度が1ないし2の方々は比較的ADLも高いので、「介護予防リハビリ」は有効でしょう。

問題は、要介護度3以上の利用者への対応にあるように思います。介護度3というランクは、実は、施設介護であれ、在宅介護であれ最も対応が難しいように思います。比較的ADLが自立できていても、認知症の症状があるということで要介護度3の認定を受けることがしばしばあるようです。ADL的には自立できているようでも、少し深刻な認知症状のある方が要介護度3の方で多く見られ、「徘徊」と言われた「迷い歩行」や迷惑行動などが課題とされています。このような方々には、なかなか機能訓練の実施で、効率的な成果を上げることは難しいものです。認知症状により、十分な集中力や動作への理解が得られにくく、機能訓練の継続さえ難しい場合があります。

しかし、このレベルの方々は、実は、施設入居の「予備軍」でもあります。特養の入居条件が要介護度3以上とされたのも、このような認知症状を伴う要介護者は、なかなか在宅生活が困難であるからとも言えます。認知症があれば、その原因がアルツハイマー型であれ、脳血管性であれ、必然的にＡＤＬの低下は避けられず、食事の自力摂取などに支障を来すようになります。

また、すり足になり転倒の危険性も増してきます。したがって、認知症状のある要介護度３の方に対する機能訓練は重要であると言えるでしょう。

認知症状のない要介護度３の方々は、歩行、着脱、トイレ、起つ、座るなどの基本動作のどこかに問題を抱えています。前述したように、日常動作の中で、これらの内容は在宅生活を継続する上で、必須要件でもあります。

今回の介護保険の改正で、国がリハビリ強化を強く打ち出してきた主要な狙いは、まさにこの要介護度３の方の施設入居をブロックすることにある、といっても過言ではないと言えます。ですから、「生活機能向上連携加算」など、医療がデイサービスに入り込み、積極的なリハビリの取り込みを図ろうとしているのは、この目的のためなのです。とりわけ、下肢機能の強化は、在宅のような段差があり、狭い室内での無理な動作が必要な環境の下で生活を継続するために、転倒を防止することにつながり、重要な役割を担います。

デイサービスにおいて、この下肢機能の強化は避けて通れない要件であるように思います。日常のデイサービスの内容を見ていると、健康体操的な身体の維持・強化はよく見るのですが、どちらかというと食事などのように座ってする動作が多いように見受けられます。

トレーニングマシンなどの設備がない場合には、せいぜい平行棒による歩行訓練か、利用者が自主的に施設の中を歩く歩行訓練が目立つようです。病院のリハビリ室にある、膝関節に負荷をかけて鍛える階段歩行の器具のようなものは、あまり場所も取りませんから導入を検討されてもよいかと思います。

要介護度4や5で、在宅生活を営んでいる方は、多くは特養の待機をしているケースが多いと思いますが、認知症状がない場合は、利用者本人の希望で在宅生活を継続したというケースに遭遇します。寝たきり度が高くなった要因は、基礎となった疾患とその悪化や、十分なリハビリを受けていないなどの理由があり、結局は、訪問看護を受けながら在宅療養を行っているものです。このような方々の在宅療養を維持していくために重要となるのは、上下肢の拘縮予防でしょう。日常の大半をベッド上で過ごすために、どうしても運動量が低下し、衣類の着脱なども介助に頼るため、上下肢の筋肉が落ちて拘縮の危険性が増してきます。

デイサービスでこのような方々のリハビリは、むしろ積極的に行う必要があると思います。リハビリ用のプラットホームがない場合は、フルリクライニングの車イス上でもよいのです。手足やふくらはぎ、肘、膝の関節を十分に動かしほぐすようなリハビリは、機能訓練指導員の指導の下で介護職員でも十分可能ですし、可動域の限界さえ理解できれば問題はないでしょう。また、重度の方は在宅しているときには、居室内で過ごすことが多いですから、できればバルコニーなどに車イスを移動して、日光浴をするのも良いことだと思います。皮膚だけではなく、ビタミンの吸収や体内時計が正常に機能するのにも良いと聞いています。

要介護度が4や5の方が、在宅生活を継続するための大切な要件になるのは、家族やホームヘルパーが容易に着脱介助や食事介助が行える条件を整えることです。拘縮が起きてしまうと、相当に介助が困難になります。寝たきりの生活は、食欲も衰えがちになり、栄養状態が不良の方も多く見受けられると言います。そうすると、褥瘡が発生しやすく、在宅介護が極めて困難にもなります。できる限り離床して、車イス上ではあっても、身体を動かしたり、外に出て日光を浴びたり、外出することによって生じる環境の変化による刺激など、デイサービスに参加することは十分に意義のあるものとなります。

全介助に近い食事摂取が、自力摂取に代わるだけでも在宅生活は豊かになり、食欲も出てくるものです。住み慣れた自宅で、ゆったりとデイサービスの支援を受けながら余生を過ごせるかどうかは、その利用者のＱＯＬにも大きく影響してくるでしょう。

デイサービスにおいては、重度の方は車イス上にいて、レクリエーションやアクティビティに参加する機会も少なく、まさに日中の居場所に過ぎないようなサービスの利用が多いようですが、在宅生活を維持するためにも、デイサービスの役割は大きいと言えるのです。前述してきたように、能動的なデイサービスは、重度の方へのサービス提供が変わるだけでも、十分に能動的であるのです。

そのためにも、サービス提供の流れを検討するだけではなく、**①一人ひとりの利用者についての徹底したアセスメントを実施すること、②集団処遇的なサービス提供ではなく個別ニーズに敏感に対応できる個別ケアを大胆に実施していくこと、**もリハビリニーズの高まりの中では重要な要素ではないでしょうか。全体と個別をうまく組み合わせるサービス提供は、要介護度3以上の方のデイサービス利用を、充実したものに変えることになっていきます。

「機能の向上」を図る機能訓練計画は、機能訓練指導員の行うケアだけでは達成できません。関わる全介護職員の〝チームによるケア〟が、大変重要であることを強調しておきます。

4 地域の医療機関や老健施設との連携をどう作り出したらいいのか

機能の向上を目指すデイサービスは、リハビリをそのサービスの中に何らかの形で取り込んでいくことが必要であることはお話ししました。しかし、これまでのデイサービスの中では、リハビリや機能訓練は、付加的なサービスの位置を占めており、積極的な役割がなかったというべきでしょう。また、「介護予防」の基本的なスキームは、地域包括支援センターを中核として、地域の医療や訪問看護、自治会、民生委員など、地域の諸機関や機能が相互に連携する「チームケア」の考え方が基本にあります。地域の中で、要介護高齢者が在宅生活を継続していくには、家族だけでなく、地域のチームによる支援が不可欠であり、先に述べたように独居高齢者の増加は、ますますその必要性を高めています。

そのことを踏まえて考えると、これからのデイサービスでは地域との連携をより強化した施設運営が重要と言えます。限られた時間の中で、利用者の様々な情報を収集して集約することは困難ですし、利用者と関わる様々な機関やサービスとの連携が必要でしょう。要介護高齢者は、必ず地域の医療機関を受診して、何らかの治療を受けています。また、病院やクリニックで理学療法士のリハビリに通っているケースも多いものです。さらに、脳梗塞などの後遺症で、リハビリの継続が欠かせない利用者も多いのではないでしょうか。

そのような利用者をデイサービスは必ず受け入れているはずです。これまでは、利用開始に当たっては、かかりつけの医療機関からの診療情報提供書の情報と本人からの要望のみでサービス内容を決め、機能訓練も同様でした。具体的な機能訓練の内容やリハビリメニューの引継ぎなどは、行われてこなかったと思います。

今回の改正に盛り込まれた「**生活機能向上連携加算**」には、その実行性には大いに疑問が残りますが、そこに盛り込まれたリハビリの専門性の強化と実効性を求める趣旨には頷けるものがあります。

そこで、デイサービスの運営の中で、利用者が通っている医療機関や関連施設との連携を取り込むように計画してみて欲しいと思います。病院やリハビリ施設からの理学療法士などの専門職を派遣してもらい、個別機能訓練計画書に参画してもらうのは容易ではありませんが、リハビリメニューのすり合わせや相互に効果を確認し合う交流は十分に可能ではないでしょうか？

その際に紹介をしていただいたケアマネを、仲介役として利用することをお勧めします。「サービス提供者会議」が、単純な情報交換の場から、様々な機能を持ったサービス提供者の連携の場に変われば、文字通り地域における「チームケア」が成立していくでしょう。

デイサービスを利用する方は、リハビリ専門施設のケアだけではなく、入浴や食事、在宅生活のストレスからのリフレッシュを求めながら、立ち居振る舞いを含めた日常生活の能力の維持を目指して来られます。また、老健施設を退所して来られる方も多いと思いますが、病後3か月などの一定期間在所中のリハビリメニューをこなして回復して在宅復帰をされるわけですから、デイサービスで受ける個別機能訓練によって、リハビリの成果を維持、発展させるのが元来の趣旨であるように思います。しかし、これまでのデイサービスでは、積極的なリハビリメニューの検討と構築がなく、リハビリは専門機関に依存してしまう傾向が顕著であったように感じます。

これからのデイサービスには、そのような傾向に一定のくさびを打ち込み、機能訓練は、「機能の向上」、すなわちADLの向上によって、明確に在宅生活が可能になるよう導くことを目指した介護保険の改正であったと思います。

そのように考えてくると、利用者に関わりのある医療機関や退所してこられた老健施設との連携を模索しなければなりません。そのためには、病院では地域医療連携室のMSWを、老健施設では相談支援員に連絡を取ることからお勧めしたいと思います。これらの部署は、退院、退所に当たっては、利用者が従来から利用してきたケアマネと退院後の処遇を巡って連絡を取り合い、在宅復帰後のサービス提供を計画しているものです。

デイサービスの機能訓練指導員と生活相談員が、このような病院や老健施設を訪問して、ケアマネを介してリハビリ計画の内容を構築するべく取り組んでいると告げて、門をたたいてみるのは有意義であるでしょう。今後新規の利用者の紹介を受ける際には、診療情報提供書などの書面の受け取りだけではなく、リハビリ計画作成のために機能訓練のポイントのすり合わせを行える関係づくりを行うべきです。

患者を、利用者を送り出す病院や施設にとっても、予後の状態はとても気になるものですし、サービス提供を受けるデイサービスの担当者自らが、病院、施設に赴いて、情報の交換と受け渡しを行うことは、必ず歓迎されると思います。また、このような医療機関や老健施設との日常的な交流や情報交換のパイプを構築できれば、今後新たな在宅復帰をされる利用者の積極的な紹介も期待できますし、利用開始に当たってスムーズなケアの提供も可能になるのではないでしょうか。

私の経験では、事業が不振なデイサービスの共通した傾向として、このような地域の医療機関や老健施設などとの交流やレスポンスがなく、また、利用者に関する積極的な情報のフィードバックをまったくと言っていいほど行っていません。

孤立した独りよがりのサービス提供を行っていることをもって、自己満足しているとしか思えません。日常業務の煩雑さにかまけて、もっぱらケアマネからの提供票のやり取りのみを重要と考えて、利用者情報のフィードバックやこれからのサービス提供の在り方を検討することを忘れてしまっています。

また、「サービス提供者会議」でも積極的な提言や発言もなく、現状維持をもって事足れりとしていれば、いつの間にか利用者が減少しているということになるのです。

なぜなら、利用者は年を経るごとに、加齢により自然とADLは低下していきますし、在宅生活を維持する条件が崩れていくのは必然的なことなのです。デイサービスが利用者に能動的に関わり、ご本人や家族の意向に敏感に応えて、在宅生活を継続する、あるいは施設入居を検討するなど、日々進行していく利用者の状態の変化をとらえていける能力を身に着けることは、厳しい競争の中で事業を行っているデイサービスにとって、これからの死活問題に関わってくるといっても過言ではないと思います。

5 ケアマネはデイサービスが「機能訓練の強化」にどう取り組むかに注目している

居宅介護支援事業所のケアマネは、ケアプラン作成を請け負った利用者の計画作成だけに関心を持っているのではありません。介護保険の改正ごとに、ケアマネに対する様々な加算が新設されたりして、ケアマネの活動自体が変化してきているのです。

特に今回の改正では、居宅のケアマネには、医療との連携に対する加算が強化されました。とりわけ、入院時、退院時の医療機関との連携に係るカンファレンスに出席することよる参加加算が、1回では600単位と倍増し、2回目についてもそれぞれ加算が増加しました。利用者が病院や老健施設を退所するに当たって、在宅生活への移行を促進する活動として評価されるものです。

この加算によって、居宅のケアマネは、病院の医療連携室や老健施設の相談支援員から在宅復帰の様々な要件やリハビリに関する情報等を入手して、復帰初回のケアプランを作成してきます。

その際には、当然ながら医療機関からリハビリや機能強化に関する具体的な指示を得るので、医師や医療機関、老健施設のリハビリ担当者からの指示内容をもとに、利用者にどのような在宅サービスを受けるのが適切か判断してきます。

当然のように、ケアマネが、医療からの指示に対して、それを実現できるようなサービス内容が備わったデイサービス等で利用が受けられるように、利用者に勧めるのは当然のことでしょう。入院前の利用者が退院後には、自分のデイサービスに復帰してこない事例に遭遇されたことはないでしょうか。これは、なぜかと言えば、ケアマネの評価が医療的な指示に十分に応えられないデイサービスとなれば、別のより医療的ニーズへの対応力の高いデイサービスが選ばれるのは自明の理ということなのです。

まして、今回の改正のように「機能の向上」が強く打ち出された後では、このような傾向はますます強くなるものと考えて間違いないと思います。とりわけ、利用者が脳梗塞を起こして入院したとか、骨折などで入院した場合、退院後老健施設でリハビリに取り組んだ場合などは、このような事態が起き得ることを想定しておいていただきたいと思います。したがって、このような事態を防ぐためにも、居宅のケアマネと常時連携を保ち、機能訓練強化に関する情報交換や、利用者に関するフィードバックを常に行っておくことが重要なのです。

また、今回の改正では、居宅のケアマネには、**「医療機関等との総合的な連携の促進」ということで、「特定事業所加算Ⅳ」**１２５単位（月あたり）が新設されました。要件は医療機関との入院、退院に関する前述の関わりを合計で35回以上行い、ターミナルケアマネジメントとして、がんなどの悪性腫瘍の終末期の利用者に対して、頻回な訪問と医療機関への情報提供を行う場合には、**ターミナルケアマネジメント加算**４００単位（月あたり）を伴うという、医療との連携を高く評価するものです。この加算の要件自体は、医療機関との関わり方に回数を明示するなど、ケアマネにはなかなかハードルが高いように見えますが、医療系の施設に併設されている居宅介護支援事業所などでは、十分に加算を取れる可能性があります。

このように、居宅のケアマネにとっては、日常的な医療機関との連携を示唆しているものであり、加算が取れる取れないにかかわらず、医療機関との関係性が強まるのは当然のことと思います。今後ケアマネが、**医療機関との連携に協力的で、リハビリなどのサービス提供においても積極的なデイサービスに注目してくるのは当然**のことと思います。

ですから、これからのデイサービスでは、この居宅のケアマネとの関係を見直す必要があるでしょう。これまで、単に提供票のやり取り以外に日常的につながりのなかった希薄な関係性は、これを機会に大きく見直すことが大切です。

特に、提供票を交付してくれている居宅介護支援事業所が、病院や老健施設などの医療系である場合は、特別に配慮する必要があります。がんなどの悪性腫瘍の患者で、ターミナル期を在宅で自分らしく過ごしたいというニーズは、次第に高まってきており、終末期を在宅で過ごすために退院して、在宅復帰をしてくる利用者が増える傾向にあります。

日常の医療的ケアは、訪問看護のターミナルケアに依存し、入浴や日中の余暇をデイサービスで静かに過ごしたいという、ターミナルケアは様々な形で注目を集めています。特養においてもターミナルケアは、最近加算が強化されるなど重要度が増しており、高齢者の医療費抑制という国の方針に合致するものです。

このようなニーズを受け入れるデイサービスでは、従来からの医療知識では決定的に不十分ですし、訪問看護や医師などの医療関係者とのチームワークが重要な要件となってきています。

それだけでなく、利用者のリハビリニーズに応えていくためにも、前述してきたように「チームケア」の考え方が重要性を増していると言ってもよいと思います。

このように考えてくると、これからのデイサービスは、もはや単独のサービスとして維持していくと考えるのは不自然になってきました。医療を中心とする様々な地域の関係機関や訪問看護などのサービスとの連携を、志向していかなければ自身の施設の存続にも関わることになるかもしれません。

そこで重要になってくるのは、デイサービスで勤務している職員の意識改革でしょう。朝礼や毎日の全体会での意識改革を図る取り組みは言うまでもなく、医療知識の向上や「チームケア」などの問題意識を醸成するには、自治体や社会福祉協議会などが開催する外部研修に職員を派遣するなどの行動も必要になります。

何度も申しますが、デイサービスは「人につく」ものです。介護職員が利用者の身体状況や病状をしっかりと把握して、適切なケアが実施できなければ利用者は自然と離れていくものです。もともと、デイサービスには、要介護高齢者の「日中の居場所」という大切な要件が自然と備わっているものです。「居場所」である限りは、その居心地が重要であり、居心地を作り出すのが介護職員の役割です。気持ちの良い笑顔と優しく的確な声かけは、デイサービス職員の必須要件と言っても過言ではないでしょう。

その職員たちが、現在置かれている、変化していく状況に対応できていないとすれば、利用者にとって不満の発生する要素になり、居心地の良さが失われるのは目に見えています。特別なこともなく、利用者が自然と減少しているデイサービスはたくさんあるのではないでしょうか。ふと一年前の利用者数や延べ人数などを比較してみて、愕然とする状況はないでしょうか。

6 ケアマネが注目する新設された「ADL維持等加算」の中身

今回の改正介護保険では、新たに「ADL維持等加算」Ⅰ・Ⅱが新設されました。それぞれ月単位で、3単位、6単位という小さな加算ですので、算定要件の煩雑さに比べるとあまり魅力はないかもしれません。しかし、算定要件が、20名以上の利用者であること、要介護度3以上の利用者が15％以上いる場合は検討に値するかと思います。

この加算には、機能訓練指導員が、「Barthel Index」という、ADLの測定項目として移乗動作、階段昇降動作、トイレ、入浴、歩行、着替え、排便、排尿コントロールの各項目について点数化した評価を6か月間モニターし、改善評価を得た者を記録して90％以上のデータを報告できれば算定されるそうです。詳細は、厚労省のホームページから情報を取るとよいでしょう。

このことは、算定要件を満たせるかどうかというよりも、機能訓練指導員の役割が、単純な機能訓練の実施から、ADL全体の改善を指導するという内容に変わってきていることを意味します。「BI利得」というADLの向上を数値化して表現させる方法は、今後何らかの形でデイサービスのサービス評価に入り込んできて、「BI利得」を85％の利用者について評価し、全体として0以上、すなわちADLが向上していることを数値で要求しようというものです。

煩雑さの割に、加算の単位数が低いことは、この方法の早期の普及を狙ったというよりも、ADLの向上をデイサービスの標準目標として設定するという、国の方針を具体的に示したものとして考えるのが自然だと思います。このようなADLの評価方法は、日常のデイのサービス提供の中だけでは把握できるものではなく、利用者に対する定期的なアセスメントの実施や在宅での生活状況の把握なども要求されるということです。

算定要件の記述の中で、**1年間の評価期間終了後も、継続して測定を行う事業所には高い評価を行う**という記述がありますので、今後算定単位数の増加とすべてのデイサービスでの実施を意図していると考えてもよいと思います。

単位数が低いからという理由のみで、自分の施設では加算を取らないという単純な結論を出してしまうことは、少し危険かと感じます。この「ADL維持等加算」の新設は、国の今後の方針をアドバルーン的に上げたような、そして試行という要素を多分に含んでいるでしょう。国からのデイサービスの評価に向けて、明らかにADLの向上を明確に盛り込んできたものとして考えていただきたいと思います。

そう考えてくると、これまでのデイサービスの受け入れと「サービス担当者会議」に向けた利用者評価のスタイル全体が、大きく変化してくるものと考えられるでしょう。デイサービスの業務の中で、例えば「ADL維持等加算」の評価で、「排便、排尿コントロール」などの項目が入っているので、これらはデイ利用中のサービスでは十分な把握は困難と思われます。このことは、日常的に利用者と接する他のサービス、例えば訪問介護や居宅のケアマネなどからも情報を入手できる環境整備が重要になるということを示しています。

本加算が示している方向性は、サービス提供自体が、デイ単独で完結するものから、いわゆる地域における「チームケア」に参加するという方向性が打ち出されてきたと考えるべきでしょう。利用者の在宅生活に関わる様々なサービス提供者との日常的な連携と、情報交換のチャンネルが確保できないデイサービスは、今後地域の中で孤立し、安定的な利用者の紹介が得られない可能性があります。

その中で、特に重要なものは、提供票を出している居宅のケアマネとの関係でしょう。先にも述べましたが、月に1回程度の提供票のやり取りしかないような居宅のケアマネとのコミュニケーションであるならば、早急に改善をすべきです。

今回の加算の趣旨では、ＡＤＬの向上を数値化して確実に実現していくということですから、単純に考えてデイサービス単独でＡＤＬの改善を実現することは不可能です。むしろ、**利用者に提供される様々なサービスが連携して、共通の目標設定が行われ、相互の役割の中でサービス提供を行うように変化する**ものと思われます。

その重要なポイントに存在しているのが、居宅のケアマネです。したがって、今回の「ＡＤＬ維持等加算」には、居宅のケアマネは大いに注目していると考えるべきです。実施するデイサービス施設が増加するかどうかというよりも、込められた趣旨に対して目の前のデイサービス施設がどうであるか、協力的でＡＤＬ向上に貢献できる施設かどうかを評価してくるのではないでしょうか。

機能訓練指導員が、専任ではなく兼務で、「個別機能訓練計画書」の内容が乏しいなどといったデイサービスに積極的な評価はないでしょう。これまで、形式的な機能訓練実施記録であったものは、報酬請求以上の意味をなくし、居宅のケアマネからADL向上には、積極的ではないデイサービスと烙印を押されかねません。

したがって、今後居宅のケアマネさんは、新規の利用者を紹介する際には、**機能訓練にどのように熱心に取り組んでいるか、ADL向上にどのような独自の工夫のある施設なのかという点を評価に加えてきます**。これまで、丁寧に利用者をケアしているという好意的な評価をもらっていたデイサービス施設も安閑とはしていられないでしょう。

実はこのようなトレンドは、今回の介護保険の改正で初めて打ち出されてきたものではなく、先の改定でも在宅生活の維持、強化を図る方針は提起されていました。「機能の向上」に貢献するデイサービスであることは、すでに打ち出されていたのです。

今回の改正まで、サービス提供内容の見直しを行ってこなかったデイサービスは、今回の改正を真摯に受け止めて、危機感を持って事業全体の見直しを行うべきです。過去2、3年の間に、利用者の動向が、少しずつ減少傾向にあるデイサービス施設は赤信号です。丁寧で、利用者との距離感も良く、食事も美味しいなどの評判を得ているからということで、ゆったり構えてはいなかったでしょうか。

デイサービスに限らず、特養も10年前などと比べてサービス提供の内容が大きく変化し、要介護度3以上の受け入れとなる、利用者が医療的ニーズを伴って重度化しているなど、状況は日々変わっているといっても過言ではありません。デイサービスだけが、従来のままということはないのです。危機感を持って、居宅のケアマネさんと対峙してみてください。

7 個別ケアで成果をあげるために必要な考え方とは何か

要介護度1や2の利用者は、日常生活動作において自立度が比較的高く、在宅において独自の生活スタイルを持っている方が多いと思われます。デイサービスにおける機能訓練もマシントレーニングなどを自主的に取り組み、いわゆる「介護予防型デイサービス」に近い内容になっている方が多いでしょう。そういう意味では、機能訓練は、現状のADLを維持する内容で十分です。適切な歩行訓練や脳トレーニング、リフレッシュ目的のレクリエーションでも十分にADLを維持するという成果は期待できます。

問題は、要介護度3以上の方々へのサービス提供です。今回の改正では、繰り返しますが「機能の向上」、ADLの向上が重要な課題となっていますから、病院を退院する、老健施設を退所してくる利用者は、既存の利用者であれ、新規の利用者であれ、強いリハビリニーズと医療ニーズを持って在宅復帰をしてこられます。その段階で、先の要介護度1や2の利用者とはニーズが異なっていると考えるべきです。

このような方々は、一人ひとりリハビリにおいても医療的なニーズにおいても、内容や課題が異なり、これまでの集団的なケアの在り方では、もはや対応はできないものとなっていると思います。

これからのデイサービスは、積極的に個別ケアを取り入れて、時間割で動くデイサービスの流れを根本から見直す必要があります。デイサービスでの一日の過ごし方に、一人ひとりメリハリをつけ、個別のメニューが用意されなければなりません。そのためには、デイサービスだけではなく、提供票を交付する居宅のケアマネともしっかりとしたアセスメントを実施する必要があり、その内容を受けたデイサービス施設独自のアセスメントの実施は不可欠になると思います。

マシントレーニングのメニューも、全員が同じメニューを順番にこなしていくスタイルは通用しません。機能訓練指導員は、アセスメントから個別の課題を抽出して、一人ずつのメニューを考案する必要があります。膝関節の強化を課題としたり、下肢の可動域の拡大を課題としたりと、利用者の既往症や医師から受けているリハビリの指示内容を忠実に反映させ得るように、疾患やリハビリの課題に対して強い関心を寄せて、デイサービスの機能訓練の中に取り込まなければなりません。

そのためには、**利用者がかかっている医療機関やリハビリ施設との連携を図り、必要な情報の交換と情報のフローの筋道を確立する必要がある**でしょう。

例えば、利用者が退院後も引き続き病院のリハビリ室に通院し、積極的なリハビリを受けるとしたら、デイサービスはその成果を保持し、うまく補完するものでなければなりません。病院のリハビリが下肢筋力の強化と下肢の可動域の拡大を目指しているのに、デイサービスの機能訓練が上肢の屈曲運動をやっていては、連携も何もありません。デイサービスの役割は、日常生活動作能力の維持にあることは、ご承知の通りだと思います。病院やリハビリ施設で行うリハビリの成果を、利用者の日常生活動作の中に生かすことがデイサービスの機能訓練の役割です。

リハビリ施設で下肢筋力の強化や膝関節の強化を図っていれば、椅子から起ったり座ったりの動作がスムーズに行えるように、デイサービスがフォローすべきなのです。姿勢保持力を強化して来られたら、トイレ使用を介助せずに見守りを行うなどの補助的なフォローを行うなど、機能訓練の課題が、細かく個別化してくるのです。

作業療法を受けている方で、箸を使って玉などを移す訓練を受けている方には、滑り止めを付けたりした介助用の箸を使って自力で食事摂取をしていただくなど、デイサービスは生活能力を意識した独自のメニューを取り入れていく必要があります。

このように考えてくると、居宅のケアマネは、医療的リハビリ的な課題を抱えた要介護度3以上の利用者を、デイサービスがどのように受け入れるのか注目しているのです。

要介護度4や5の方のニーズは、これまでは、それこそ日中の居場所の提供でした。他の利用者とは異なり、デイホールで一日、フルリクライニングの車イス上でなすことなく過ごすというような光景が見受けられました。

しかし、これからのデイサービスではこのような処遇は、受け入れられることはないでしょう。居場所の確保なら、今では他にいくらでもあります。能動的なデイサービスでは、要介護度4や5の方専用のメニューを考案して、積極的な日中の過ごし方を提案しています。

きちんとしたアセスメントに基づいて、利用者ごとの課題を抽出して、課題ごとのメニューが考案されており、寝たきり度が高いといえども、デイサービスのサービス時間中は、メリハリの利いた過ごし方が提案されています。

例えば、食事の自力摂取の力を高めるために、手指のマッサージや指の屈曲動作を繰り返し行ったり、ずり落ち防止のために上肢の筋力と肘や肩の可動域を柔らかくするメニューを実施したりと、きめ細かな対応を行っているのです。

また、普通型の車イスを使用している要介護度4や5の方には、終日車イス上で過ごさせず、食事の時などは、座位が保て姿勢が保持できる方には、車イスからひじ掛けのある椅子に移乗して、しっかり足を地につけた状態で落ち着いて食事をしていただくなどの配慮をして、少しでも日常動作がスムーズに行えるよう配慮しています。

さらに、レクリエーションにおいても重度の方用の独自メニューを考案したり、あえてADLの高い利用者と同様のレクに参加してもらったりと、周囲に溶け込み、みんなと同じである喜びを提供したりすることも重要であると思います。

あなたのデイサービスでは、このような取り組みが行えているでしょうか。まだであれば、早急に職員の会議を開いてケアの在り方検討会を行うべきでしょう。前述しましたが、要介護度3以上の利用者の課題は、いかにして施設入居への移行をブロックするかにあります。このことに貢献できないデイサービスには、今後は重度の利用者の紹介は減り、要介護度1や2の軽度の利用者も次第に重度化して、入院や骨折事故などを契機としてデイサービスの休止から、結局は復帰して来られないという事態を招いていきます。

ただでさえ、入院や死亡といった、要介護高齢者には避けられない利用できなくなる理由が存在します。新規の利用者を迎え、新陳代謝のできないデイサービスは潰れる、そんな時代です。

8 心身の機能維持とは「現状の維持」なのではない

今回の改正介護保険は、施設入居をブロックし、在宅生活を可能な限り維持していく事業や取り組みに対しては、加算を厚くするなどの配慮が至る所に見受けられます。明確に「機能向上」の言葉を含む加算の新設など、今後の介護保険の在宅サービスは、リハビリ強化と在宅での生活能力の維持と向上に置かれているのは明白だと思います。

在宅要介護高齢者が在宅を離れての日中の居場所と入浴と食事などのニーズに応えるだけのデイサービスでは、将来はないと言ってきました。振り返ってみると、デイサービスの発祥そのものが、家族介護者と要介護者のリフレッシュ事業からですので、朝から夕方までのサービス提供を時間軸の中に位置づけ、スケジュール化したデイサービスの流れが一般的に普及しています。

その内容は、帰宅してから家族や利用者が困らないようにという配慮の下に組み立てられたサービスメニューですから、必然的に現状を維持することに目標が置かれていたのです。また、限られた時間と職員によるケアは、措置時代の特養のように、集団処遇を基本として、いわゆる「なんでも一斉に」が常識でした。一斉に入浴、一斉に食事、一斉に同じレクリエーションというように、利用者は基本的には施設から提供されるサービスに対して「受け身」の形が形成されてきました。

今では、このスタイルが大きく変化してきています。特養でも、ユニットケアという個室化と生活の場という考え方が、厚労省から打ち出され、個別のニーズの尊重と権利が認められるようになりました。排泄介助も、おむつカートを時間軸に合わせて押しながら、一斉のおむつ交換を行うなどの集団処遇から、個別介助と個別ケアがキーワードになりました。

しかし、このような変化はデイサービスにはなかなか浸透せず、相変わらずの集団処遇がサービスの基本となってきました。利用者一人ひとりの成果を確認するのではなく、デイサービスの日誌には、入浴者何名というような記述とともに、集団行動の内容のみが記録されてきました。

個別の利用者の課題は、どこにも明示されず、ケアプランも「金太郎あめ」的な似たりよったりの内容が普通であったのです。

課題の抽出も、現状を維持するためのシンプルなものが多く、創意工夫して様々なことができるようになる具体的な目標設定は皆無でした。「○○が今後もできるように援助する」「穏やかに日中を過ごしていただく」「トイレに行ける歩行力を維持する」などの消極的目標設定が一般的でした。

介護の理念が、「個人の尊重と個人の自己実現」を掲げて、個別ニーズを尊重し、身体拘束や虐待に対して厳しい内容の要領が定められるに及んで、現在の介護の課題は、まさに個別ニーズの尊重にあると思います。

デイサービスはこのことを避けては通れなくなったのです。

しかし、個別ニーズの尊重とは、利用者が好きなことをする時間を増やすというような、偏った解釈が横行し、まとまりのない緩いデイサービスが増加したのも事実ではないでしょうか？

塗り絵をしていたい、脳トレパズルをしていたい、将棋を指していたい、和室で横になっていたいなどなど、確かに個別ニーズではありますので、職員がその意思を尊重して対応しているのは、ある意味では自然なことだと思います。

しかし、介護サービスであり、ケアプランを基本としてサービスを提供する事業である限りは、その場その場の刹那的なニーズに応えるだけでは、決して十分とは言えません。一つひとつのケアには、その先につながる中目標があり、大目標が存在しています。それらのケアを通して、最終的に達成すべき目標にどのようにアプローチするのか、提供するサービスには、いわば達成目標に対する戦略が存在しているべきだと思います。

脳トレーニングのパズルならば、それを次にどのように生かすのか、どのように継続してもらうのか、それがなければ、単に「暇つぶし」と言われても仕方がありません。ここに、「現状の維持」から脱出する戦略の重要性が存在します。本項で掲げた「心身の機能維持」とは、「現状の維持」ではないというテーマが浮かび上がってきます。

要介護高齢者は、加齢とともに誰でもＡＤＬが低下してきますし、物忘れから認知症の症状につながることも大いにあり得ます。現状維持の志向では、この自然現象である「加齢による低下」という現象を防ぐことは不可能です。

改正介護保険で、「機能の向上」や「在宅生活を維持するＡＤＬの向上」が謳われている時に、現状維持の発想はもはや通用しないということです。ここにデイサービスのありようを能動的に変える必要性が存在しています。

能動的であるためのキーワードは、「個別ニーズへの対応」にあるように思います。すなわち、デイサービスに大胆に個別ケアの発想を持ち込み、集団処遇的なサービス提供のスタイルを一気に変えることです。

個別ニーズを把握するには、利用開始前に利用者本人から、何がしたいかを聞くことだけでは不十分です。おそらく、1回や2回の聞き取りインタビューでは、目先のニーズが聞き取れるのが関の山です。特養の入居に当たっては、個別面接だけでなく、診療情報提供書、看護サマリーなどを入手してアセスメントを行うのが一般的ですが、特養入居者は長い待期期間があったりして、あちこちのショートステイを利用していたり、老健施設や療養型病院、サービス付高齢者向け住宅（サ高住）などを転々としてきており、入居前の施設、病院からの極めて不十分な情報しか得られないことがしばしばです。

しかし、デイサービスの利用者は在宅をしている要介護高齢者ですから、これまでのサービスの利用歴や疾患や入退院の記録など、また家族からの情報なども豊富に得られる機会に恵まれています。独居の高齢者であっても利用しているサービス機関や医療機関からも、その気になれば多くの情報提供が可能です。

このような努力を行うことが、「個別ケア」の出発点になるのです。在宅を常時訪問している訪問介護や訪問看護のサービス事業所から、生きた情報を取ることができれば、在宅生活を可能にするＡＤＬのポイントは容易に見えてくるでしょう。ＡＤＬを落とさないカギをきちんと把握して、デイが提供するサービスの中に生かせてこそ、「機能の向上」を図れるケアの組み立てと内容が明確になってくるのです。

第3章

栄養改善の中身は「特養」なみの水準を求められる!?

1 「栄養改善加算」の中身に注目

改正介護保険の新たな加算と要件の緩和が行われたのが、この「**栄養改善加算**」です。これまでは、特養並みの、管理栄養士の標準配置を要件としていましたが、今回の改正では、外部の管理栄養士でも加算を可としています。さらに、特筆すべきは、「**栄養スクリーニング加算**」が新設され、6か月に1回として5単位（月あたり）の加算を認めるというものです。

「栄養改善加算」は既設のものですが、今回の改正では、他の介護事業所、医療機関、栄養ケア・ステーションなどから派遣される管理栄養士でも良いとしています。具体的な配置要件は、今後の通達を待たなければなりませんが、**外部の管理栄養士に、栄養マネジメントを委ねてよいということは大きな意味を持ってくる**と思われます。

外部の位置づけが、他の介護事業所や医療機関となっていますから、特養併設型や病院を設立母体としている事業所は、関連施設が管理栄養士を雇用していますので、問題ありませんが、独立型や民間企業のグループホームやサ高住などに併設されているようなデイサービスは、管理栄養士が配置要件ではないために、圧倒的に不利となります。

これまで、デイサービスの事業規模と収益状況では、管理栄養士の雇用は難しく、加算が新設されたものの実効性が乏しかった状況が改められたことになります。管理栄養士を雇用している事業者が経営するデイサービスには有利という条件となり、「栄養改善加算」1回あたり150単位というものは大きな差を生み出します。

もともと「栄養改善加算」は、かつては特養に設けられ、特養入居者の在宅復帰を促進するものとして、NSTという栄養サポートチームを作り、総合的に多職種が関与することで栄養改善を図るというものです。このNSTは、もとは病院における栄養改善推進の加算として設けられ、要件としてNST‐栄養サポートチームとして、管理栄養士だけでなく、医師、看護師から各検査技師、事務員まで包含した幅広い組織として発足したものです。

特養においても、嘱託医を巻き込み、看護師、生活相談員、介護職員を含めた総合的な組織が要求されました。内容は、6か月を1クールとして、栄養状態をモニターし、栄養障害を判定するものです。血漿中のアルブミンを採血により測定して、栄養不良状態の入居者に対して、常時提供する食事だけではなく、様々な栄養補助食品の提供を通して栄養不良を改善し、免疫力を強化して疾患に強い体力を養成しようとするものです。

脳血管障害による疾患や認知症を持っている入居者は、特養に入居してこられた段階からすでに栄養状態の悪い方が多く、褥瘡の発生や感染症に対する耐性が低いため、入退院を繰り返すという事態が頻繁に起きていました。このような状況は、特養の安定した経営にも影響を及ぼすほど深刻な問題としてクローズアップされ、「栄養改善加算」の新設が行われたのです。

しかし、当初の目標であった。特養入居者の在宅復帰の促進にはなかなか結び付かず、積極的な評価を与えられてはいないのが実情と言えます。この栄養改善の取り組みのデイサービス版が「栄養改善加算」と「栄養スクリーニング加算」です。

デイサービスにおける「栄養改善加算」の意義は、これまで言ってきたように、在宅要介護高齢者の施設入居をブロックするというものです。栄養状態を改善し、十分な体力と健康状態を保ち、ＡＤＬを維持するための基礎としようとするものです。

外部の管理栄養士ということで、関連する特養の管理栄養士の兼務や病院の管理栄養士の兼務が可能な場合は、６か月に１回というモニター頻度からも十分に兼務が可能と思われます。嘱託医などデイに関与できる医師を持っている場合には、血漿アルブミンの測定は、比較的容易ですし、栄養状態の判定にも問題は少ないでしょう。

問題は、独立型や関連施設に管理栄養士が配置されていないデイサービスはどのようにすればよいのかということです。自己の厨房で、パート職員などが調理を行って提供しているような小規模のデイサービスは、この加算を取ることはまず不可能となるように思われます。

大規模型のデイサービスで、給食業者と委託契約で食事提供をしている場合には、給食業者は特養と契約して食事提供を請け負っていると思いますので、給食業者の管理栄養士を委託先の特養との連携という形で派遣してもらえば、「他の介護事業」という要件は満たせられると思います。

ただ、栄養状態のモニタリングは、利用者全員の採血データをもとに、血漿アルブミンの量を記載して、一人ひとり判定を行い、栄養状態が不良の場合には、具体的な栄養状態改善のための提案ができる必要があります。特養の場合には、24時間３食の提供を行っていますから、栄養補助食品の提供も比較的容易ですが、日中の限られた時間しか関与していないデイサービスでは、モニタリングと指導は、ケアマネや家族の協力なしには成り立たないと思います。

「栄養スクリーニング加算」では、6か月ごとに利用者の栄養状態の報告書を取りまとめて、医師や当該の管理栄養士の意見を聴取して、情報を文書でケアマネと共有できることとあります。したがって、この加算の算定基準を満たすためにも、居宅のケアマネとの連携は重要となると思います。

このように見てくると、居宅のケアマネとは、先の「機能の向上」を図るリハビリ強化の取り組みにおいても重要ですから、日常的な情報交換と連携関係をしっかりと構築しておかなければなりません。

何度も言うように、日常的にサービス提供票のやり取りしかないような、貧弱なコミュニケーションであるならば、早急な改善策が必要でしょう。

これからのデイサービスは、基本的には、積極的に地域での「チームケア」の考え方を取り入れて、地域に開かれた施設を目指さなければ、結局地域で孤立したデイサービスとなる恐れが強いと言えます。

場合によれば、居宅の担当ケアマネとともに、利用者宅を訪問して、共同で食事摂取の状況や栄養状態の判断を行う必要があるかもしれません。独居の利用者の場合は、家族の協力を期待できませんから、居宅のケアマネの指導力に負うところが多く出てくると思われます。

デイサービスにおいて、管理栄養士が不在の状況では、このような業務は誰が担うことになるのでしょうか。看護師の関与は必要ですが、看護師は、日常のサービスの中では、施設にいなければなりませんから、基本的には生活相談員の業務になると思います。

2 管理栄養士を配置できないデイではどんな工夫が必要か

前項のデイサービスは、何らかの形で管理栄養士の関与が可能な場合でした。しかし、自己の厨房で職員が調理と食事提供を行っているような小規模のデイサービスでは、どのように対応したら良いのでしょうか。

一つには、この「栄養改善加算」の算定を諦めて、リハビリの強化の方向に特化していくのも選択肢として考えられるでしょう。

自己厨房のデイサービスでは、食事提供の献立はどのように作成しているのでしょうか。近くのスーパーを回って、安くて良い食材を調達して、その都度献立を決定されているのでしょうか。手作り感のある心のこもった食事提供は、大きな厨房で大量に作られる献立にはない良さがあると思います。小規模なりの温かみのある食事提供には十分価値があるでしょう。

最近では、ネットなどで高齢者の栄養に配慮した食事のレシピなども検索すれば入手可能ですから、行き当たりばったりや思い付きのような献立作成から、このような高齢者向け食事のレシピなどから、最低1か月分くらいのバランスを考えた献立表づくりをお勧めします。レシピには摂取カロリーなども表示されていますから、1日当たり、在宅の食事内容も考慮して1200キロカロリーから1500キロカロリーを目指しても良いのではないでしょうか。

最近のネットは情報量も豊富ですし、カロリー計算も可能ですので、健康的な食事提供を意識してみることも重要です。加算を取るか取らないかは別として、最近では大手の給食会社では、様々な食事提供に関する支援を行う業者が増えてきました。

採用するのは、むろん要検討ですが、大手の給食会社の中には、自社のセントラルキッチンを整備して、各施設の厨房で調理せず、学校給食のようにセントラルキッチンで一斉に調理して配食し、施設では米飯と汁物だけを作り、温めて提供しているケースも増えています。この業者の売りは、厨房の鍋釜などの備品はいらず、省力化と人件費抑制を打ち出しています。

このことを可能にしたのは、いわゆる「クックチル」方式という、冷凍でも生でもない、要冷蔵の状態で食事を提供し、電子レンジでの温めで提供するものです。

身近な話では、最近コンビニで、冷凍ではない様々な総菜が少量パックで並ぶようになりましたが、まさにこれが「クックチル」なのです。最近の電子レンジもデリケートな温度の管理が可能になりました。20名規模の独立型のショートステイ専用施設で、このような方式の食事提供をしているところがあります。温めと配膳だけのスペースさえ確保できればよく、厨房の職員を雇用しなくても、介護職員の手で盛り付けと配膳が行えます。

「クックチル」の総菜は、みなさんもコンビニなどで購入して、召し上がられた経験があると思いますが、思いのほか美味しくいただけると思います。デイサービスは、昼食のみの提供ですから、それなりの水準の食事であるならば、検討の価値があるかもしれません。

しかし、やはり自己の厨房での調理と食事の提供にこだわるならば、管理栄養士そのものを外部委託することも検討できます。最近では、従来からの大手の給食会社だけでなく、新規で地元の食材にこだわり、鮮度や品質で勝負する比較的規模の小さな給食会社が台頭してきています。サ高住を中心に、新規の施設の開設が相次いで、給食会社は新規開拓も過当競争気味になってきました。

そこで、大手の中では、栄養管理支援サービスのような新たなサービスを始めています。小規模のデイサービスやサ高住を対象にしたような、管理栄養士の作成したレシピの提供や場合によれば管理栄養士を派遣して、栄養管理指導を行うようなサービスができています。

大手の給食会社の仕組みは、委託を受けている施設を基本的には支店や事業所として、管理栄養士を常駐させていることになっていて、その施設から管理栄養士を派遣してくる形態をとっているのです。

もちろん、給食会社も今回の介護保険の改正には注目していますから、デイサービスにおいて、管理栄養士の配置の外部委託が認められたことは、新たなビジネスチャンスととらえているかもしれません。多くのデイサービスでは管理栄養士は配置できていませんから、栄養管理支援サービスとして管理栄養士を送り込むサービスを提案してくるのは、時間の問題ではないでしょうか。もし、このようなサービスに興味があるならば、いくつかの大手給食会社にアプローチしてみるのも良いかもしれません。

老婆心ながら申し上げますが、給食会社にはそれぞれ、ベースとなった事業があります。もとは、会社給食の提供をしていた、弁当や仕出しをしていた、病院の給食をしていたなどのように、いろいろな背景がありますが、衛生管理や栄養管理という面を考慮すれば、やはり病院給食に強い業者が安心かと思います。また、管理栄養士の知識や経験も豊富ということが言えるかもしれません。栄養ケアマネジメントには、このような業者は慣れていると思いますので、様々なノウハウの提供も併せて期待できるのではないでしょうか。

いずれにせよ、外部委託となれば新たな経費が発生しますし、加算に注目せず、これまでのデイサービスの提供にこだわるのであれば、先に述べたように地域での「チームケア」には注意を払うべきだと思います。

小規模でアットホームなサービス提供が自施設の「売り」であるようなデイサービスでは、様々なサービスの提供が自己完結型になっているので、おそらく地域との連携が限られたものとなっているのではないでしょうか。それこそ地域の独居高齢者の「居場所」として「介護予防支援デイサービス」の提供をする、あるいは認知症の高齢者の「日中の居場所」であることに意義を感じておられることと思います。そのことの意義は十分貴重なものです。

しかし、改正介護保険の新たな内容は、これまでの介護予防ではなくて、在宅での要介護高齢者の生活をあらゆるサービスや関係機関が支えるように、一層強化されようとしています。もともと、現在の国のスキームのもとは、「地域包括ケアシステム」にあります。地域の医療機関やかかりつけ医、訪問介護や訪問看護、民生委員、老人会などとともに、デイサービスも地域包括ケアを支える一員という位置づけがなされています。

規模の大小を問わず、施設の機能を地域に公開し、地域の様々な機関や事業者との連携は、地域の一員として、真摯に追求していく必要があります。

3 デイサービスでの「栄養スクリーニング」には実効性はあるのか!?

今回の介護保険の改正では、管理栄養士の要件を緩和して、「栄養改善加算」を取りやすくしてきました。その目的は、栄養改善に関しての実効性を高める狙いがあると思います。「栄養改善加算」は、管理栄養士が、栄養ケアマネジメントに参画して栄養状態の悪い利用者の栄養状態の改善を促し、要介護高齢者の在宅生活の継続を可能とする基本の一つとするためです。その中で、前述の「栄養スクリーニング加算」を導入してきました。6か月に一度、1回に限り5単位という加算は、決して魅力的な加算ではありません。いわば、栄養改善指導の実効性を確認する目的であろうと思われます。この栄養状態のモニタリングは、利用者から採血を行って、血漿中のアルブミンの量を測定しますから、特養や老健施設のように医師が配置されていて、検査機関に分析を依頼できる医療的な環境が必ず必要となります。

一般のデイサービスには医師の配置基準もなく、定期的な医師の訪問もありませんから、栄養ケアマネジメントを実施しようとすれば、外部の医療機関との連携が必要となります。また、栄養ケアマネジメントの情報を居宅のケアマネと文書で共有しなければなりません。

このように見てくると、デイサービスは従来のサービス提供だけでは、十分な機能を果たせません。特養では、入居者の栄養状態は、24時間介護職員がケアをしており、食事摂取の状態を含めて、施設として十分な対応が可能です。しかし、在宅の要介護高齢者では、特養のような責任ある継続したケアが保証されていませんから、何らかの在宅支援を行う機能がこの役割を行う必要があります。訪問介護では、サービス時間は限られ、余裕はありませんし、居宅のケアマネさんも十分な時間を確保しての訪問活動は厳しいものがあります。病院もしかりです。

そこで、デイサービスにこの役割を期待してきたのだと言えます。確かにデイサービスは毎日ではありませんが、短時間デイサービスを除いて、少なくとも利用者は6時間、7時間の長時間に渡り、デイサービス施設で過ごすことになります。そこでは、入浴や排泄、食事、機能訓練などが提供され、文字通り日常生活の重要な要素を大いに含ませながら、生活の一部として過ごされています。

介護職員は、限られた時間とはいえ、比較的ゆったりと利用者を観察できますし、介護職員が利用者と時間をそれなりに共有できるメリットがあります。また、看護師が常駐しており、バイタルをはじめ健康チェックを行っていますし、心身の健康状態の把握が、他の在宅サービスと違って可能と言えます。

デイサービスの関わり方によっては、特養と同等とまではいかないが、栄養ケアマネジメントの導入が可能であると厚労省は判断したのかもしれません。ともあれ、国の方針が、このようにデイサービスに高齢者の在宅サービス維持の主要な役割を求めてきているのは確かです。

地域における「チームケア」の考えに立つならば、デイサービスはその中核的存在と言ってもよいと思います。したがって、在宅サービスの一つであったデイサービスが、地域における「チームケア」の中核的役割を担うとしたら、デイサービスの在り方は根本から変化しているということになります。

この「栄養スクリーニング」はどのように実施していけば良いのでしょうか。おそらく、後日厚労省から具体的実施に係る通知や通達が来ると詳細が判明すると思いますが、間違いなく「医療機関との提携なしにはあり得ない」のは明らかです。

利用者のかかりつけ医療機関となると1か所や2か所ではありませんから、提携関係の構築は容易ではないことが想像できます。この点に関しては、おそらく厚労省から何らかの方法が提案されてくると思います。「栄養スクリーニング加算」の要件に、栄養状態に係る情報は、医師、歯科医師、管理栄養士等への相談提言等の内容も含まれる旨の記述があることを考えると、当然のように、利用者のかかりつけ医療機関との連携を前提としていると想像できます。

こうして医療機関からの栄養状態を図るデータの提出をもとに、管理栄養士を中心に6か月に一度の頻度で、栄養状態の判定を行い、情報を文書として居宅のケアマネに提供していくことになります。血漿アルブミンによる栄養状態の判定は、数値により明確な判定基準が示されていますから、関係者による判定会議自体は、さして手間のかかるものではないと思います。

問題は、厚労省からの実施詳細の通知などで示されるであろう、栄養状態が不良と判定された利用者への、具体的な栄養指導にあります。果たして、デイサービスの限られた機能の中で、粘り強さや日常的な観察力が要求される、栄養指導の具体的な実践が可能なのかという点では、大いに疑問が残ります。

今後のデイサービスの中で、利用者向けに栄養指導講習のような取り組みも要求されるかもしれません。

あるいは、日常業務の外で家庭訪問をして、食生活の観察と指導を導入する必要があるかもしれません。それらをだれが担うのかというと、一般の介護職員は日常の介護業務で手一杯ですし、ただでさえ、「機能の向上」を図るということで、機能訓練への関わりが強化される状況ですから、一般の介護職員を動員するということにはならないと思います。

今回の介護保険の改正で打ち出されたデイサービスへの「栄養ケアマネジメント」の行方は、これからしっかりと見守る必要を感じます。内容的には、利用者の在宅生活の中にまで踏み込むような、通常のデイサービスのサービス提供の範囲を大きく超えそうな、このようなことが実際にデイサービスにできるのか問題を感じます。

特養のように、24時間切れ目なく介護サービスを提供しているならともかく、**たかが週に2~3回の限られた関わりの中で継続的なモニターが可能なのか。**特養のように利用者が24時間居住していることによっていつでも関われる状態ではなく、デイサービス自体には、利用者は自由に欠席もできるわけですから、モニターの実効性を担保するものが著しく欠けているように思えてなりません。

そのように考えてくると、今回の「栄養ケアマネジメント」の強化という方針は、厚労省自体が、打ち出してから全国のデイサービス事業者の反応を探るようにも思えてきます。ですから、今回は「栄養スクリーニング加算」5単位という少なさを考えれば、当分の間様子を見るのでも良いのでは、と思えてくるのです。

4 これからは美味しい食事を提供するだけではデイの「売り」にはならない

デイサービスの評判にとって、美味しい食事の提供は大きな要素です。このことは今も変わらないと思います。小規模のデイサービスでは、弁当の配食を頼んでいるところもありますが、「飽きる」であるとか、「冷めていて今一つ」という評判を聞きます。職員が食材を調達して、自己の厨房で調理して提供しているところは、手作り感や温かい食事の提供で、それなりの評価を得ているようです。

しかし、これからのデイサービスの食事は、「美味しい」だけでは決定的に不十分です。前項で、「栄養ケアマネジメント」のことを話しましたが、居宅のケアマネさんからの高い評価を得るには、栄養に関する独自のポリシーを持つ必要があるのです。厚労省の打ち出した「栄養スクリーニング」はできなくとも、**カロリーへの配慮や治療食を意識した献立の作成が必要でしょう。**

食事は、もちろん楽しく、美味しくいただくのが基本ではありますが、介護施設として健康と体力を維持する重要な介護的な要素を持っていることへの配慮は不可欠です。デイサービスの現場では、排泄記録だけでなく、食事摂取量の記録も行っているところが大半ですが、果たしてその記録を生かしているでしょうか。記録されて、職員が確認印を押してファイルされて終了となっていないでしょうか。「サービス担当者会議」などで、食事摂取に関する議論はなされているでしょうか。案外これまで、デイサービスにおける食事の意味と栄養管理の意義が、それほど重視されてきていないように思います。食事に関する関心と言えば、むしろ刻み食や粥食の提供などの、形態に流れてきた傾向を感じます。

国が打ち出している「栄養ケアマネジメント」の必要性は、今回の改正のような「栄養改善加算」や「栄養スクリーニング加算」の要件を満たせるか否かというよりも、それらが目指している**要介護高齢者の在宅生活の継続を支える要件を満たしていくこと**にこそ、あるようにと思います。

利用者の栄養状態への関心は、どちらかというと家族任せあり、デイサービスでは昼食のみの提供であることに甘んじてきたと言えるでしょう。しかし、高齢化社会の進展を受けて、独居高齢者の数が圧倒的に増加して、家族任せにできない状況が生まれています。

かつて私は、阪神淡路大震災後、神戸の復興の過程で、「地域型仮設住宅」という独居高齢者専用で、共用の食堂や介護浴槽付きの共同浴室と、日中には支援員が常駐する仮設住宅の入居者の恒久復興住宅への転居を支援する神戸市のＬＳＡ事業に携わった経験があります。

ＬＳＡ事業とは、Life Support Adviser の略で、要介護高齢者を中心とした転居の支援、新たな復興住宅での生活再建の支援を行うものです。地域型仮設住宅は、支援員の支援や住民同士の助け合いのあるコミュニティでしたが、割り当てられた恒久住宅は、なじみのない地域が多く、一人の知り合いもいないコンクリートの集合住宅で、孤立化や孤独死が懸念されるような環境でした。新居では、家具もなくホームレスさながらの生活をしている、照明器具が調達できず夜間暗闇で生活しているなど問題が山積していました。食事は、その頃始まった配食サービスもありましたが、普及には程遠く、自身でスーパーなどに食材や総菜の類を購入に行っておられました。

ＬＳＡとして、定期的に独居高齢者を訪問して、生活ぶりへのアドバイスや行政の支援への連絡、調整、相談などを手掛けるのですが、なかなか利用者たちの口は重く、実情に迫ることは困難なケースが多くありました。私は、昨日夕食は何を食べたとか、風呂に入ったかとかいう内容を、さも尋問でもするように質問することの虚しさを感じ、洗われている食器の数、ごみ入れに捨てられている総菜などの空のパック、スーパーのレシート、履物の種類と脱ぎ方などから生活ぶりを推測する手法を採りました。

結果、野菜などの摂取量は少なく、コロッケなどの揚げ物や味の濃い総菜に偏り、皮膚の色などからも栄養状態の偏りと貧弱さを感じて、デイサービスや地域の食事会などにつないだりしたものです。

栄養状態の良しあしと生活における活気や活動とは、密接に関連していることに気づいたのです。在宅の独居高齢者の生活は、干渉ではなく、その利用者の意思や好みを尊重しながら、適切なサービスに導いていく重要性を強く認識したものです。

なぜ、このような話をしたかというと、高齢者の独居所帯が増加して、孤立した生活に陥っている人がどのような生活ぶりになるのかというと、この神戸の経験に近い実態を感じるからです。現在の在宅サービスの中で、相談機能を持ちながら、食事、排泄、入浴などの日常生活の基本に迫れるものは、デイサービスであるような思いがあるのです。デイサービスの活動は、利用者が施設に来られているときのみではないのではないか。デイサービスを受けて帰宅してから、次回の来所までの間、生活ぶりや健康状態などの情報が空白であってはいけないのではないかという疑問が浮かんでいます。

今回の「栄養ケアマネジメント」の必要性が、クローズアップされたことは、ある意味で良い機会なのではないでしょうか。居宅のケアマネさんの訪問や訪問介護の活動では、総合的な生活のアドバイスやフォローが十分にはできません。利用者の日常生活と深い関わりを持てる可能性のあるデイサービスが、その持てる機能を生かして、利用者との間でこれまでとは異なる関わり方を追求しても良いように思います。

平たく言えば、「面倒見の良い」デイサービスであっても良いのではないか、そう思います。24時間つながるような情報を持って、美味しい食事の提供だけではなく、栄養状態の管理も行えるような在宅支援の機能を作り出してみるのも良いのではないでしょうか。

これまで以上に、今回の改正介護保険は、地域との関わりの深化を要求しています。新たなデイサービスの「売り」はこの地域との関わりの中にあるように思います。

結果として、地域の医療機関との連携や居宅のケアマネさんとの連携が強くなり、利用者の情報が、いわば重層的に集積できるようになることは、自然な形でこの「栄養ケアマネジメント」につながっていきます。一般の介護職員が、デイサービスの時間の中で、目の前の利用者の状態だけでなく、デイサービスに来られていない在宅での生活ぶりにも想像力を働かせ、適切なケアとアドバイスができれば、おそらく、強力なデイサービスに生まれ変わるのではないかと感じます。改めて、あなたのデイサービスの「売り」を再検討されるようお勧めします。

5 看護師と生活相談員の連携強化により「利用者の在宅生活」が視野に入った活動が可能に

これまでの話の中では、あまり看護師の役割の重要性に触れてきませんでした。しかし、「機能の向上」を目指す機能訓練の在り方や「栄養ケアマネジメント」の導入などの変化は、おのずと看護師の役割も大きく変化させてきます。

いずれの方向も、利用者の身体機能や健康状態に大きく関わる事柄ですから、いわば利用者の健康管理を預かる看護師には、司令塔的な役割が期待されるのかもしれません。来所持や入浴時にバイタル測定する、入浴や機能訓練実施の判断を行うという従来の業務の範囲では、もはや十分な役割分担ではないように思います。また、服薬に関する業務だけでも不十分でしょう。

利用者の健康管理を預かる立場は、言い換えれば利用者の身体状況やＡＤＬの状況に一番踏み込みやすい立場と言えます。介護職員は、入浴やレクリエーションなど、デイサービスの実務を担当し、デイサービスを楽しまれる利用者の現在と対峙するのが仕事です。看護師は、利用者全体を預かり健康管理の業務に広く当たります。その意味では、一人ひとりの利用者と、健康に関する会話ができる立場とも言えます。

在宅での食事摂取の状況や睡眠に関する状況など、デイサービスの業務中には触れられない情報に接することも十分に可能です。デイサービスの看護師には、豊かな想像力が要求されると思っています。デイサービスでの昼食の摂取量が少ない利用者がおられれば、夕食はどのようなものを食べるのか、量はどうなのかとか、起床時間の遅い利用者は朝食はどうしているのだろうかなど、想像力を駆使して様々な質問ができます。

また、看護師は介護職員と違って、利用者にとっては、「看護婦さん」として、病院のように健康に関する質問には答えやすい雰囲気があるものです。

デイサービスの看護師は、利用者の状態を一番広く、時には深く知り得る立場であると言えます。在宅での生活ぶりや食事摂取、睡眠の状況など、在宅の情報のすべてを吸収できると思います。これからのデイサービスが、在宅生活にも深く関わろうとするならば、この看護師の関わり方はたいへん重要になります。

ですから、デイサービスの看護師には、大いに意識を変えて対応してもらうことが重要になるでしょう。デイサービスの看護師は、常勤者が少なく、非常勤の方が多いと思われます。非常勤の看護師には、なかなか本来の業務以外のことをお願いするのは困難と考えるかもしれませんが、見方を変えれば、非常勤の看護師は、まさに家庭の主婦であり、子育てをしている、あるいは子育てを終えた家庭人でもあります。子どもの健康状態を気遣う母であり、親を介護している介護人であるかもしれません。このような特徴を持った非常勤の看護師に活躍してもらわない手はありません。日常生活者の目線での質問や気づきは、重要な情報をもたらしてくれるでしょう。常勤の看護師と上手に連携して、利用者の在宅での生活情報を集積できる重要なポイントになります。

もう一人、利用者全体と関わり、生活情報や疾患と服薬状況、サービス利用状況を把握している職種の職員がいます。それは、生活相談員です。デイサービスによっては、入浴介助などの実務に入っている生活相談員もいるとは思いますが、職種としての意識は利用者全体に注がれているものです。また、日常業務から離れて、家庭訪問をしたり、家族と接して重要事項の説明を行ったりと、広く活動できる職種でもあります。

看護師と生活相談員の連携が強化されると、利用者の在宅生活が視野に入った活動が可能になります。

また、生活相談員は、デイサービスの行事やレクリエーションなどを組織して動かす位置でもあります。利用者の在宅での食生活や嗜好、睡眠や入浴、家族との関わり方などは、アンケートを作成して配布し、情報収集をしても良いでしょう。また、利用者のかかりつけ医や病院を訪問して、リハビリや栄養状態の情報提供を呼び掛けることも可能です。

小規模型なら別ですが、普通規模型や大規模型ならば、生活相談員を2名配置しているデイもあると思いますので、その場合は様々な役割分担も可能になります。

このように考えてくると、今回の改正を受けた、新たなデイサービスの戦略と構想が見えてくるのではないでしょうか。

ここで、重要な役割を果たさなければならないのは施設長です。施設長は職員の配置や勤務割を握っていますから、看護師と生活相談員との連携を積極的に支援できる立場です。また、機能訓練に関して、多くの医療機関やリハビリ施設との連絡役を買って出て、施設間の協力体制を構築する重要な役割を担えます。

何より、今回の介護保険改正を受けた、デイサービス事業の再構築に大きな役割を果たすべきです。看護師の新たな役割を決め、看護師たちとの話し合いを持ち、利用者の在宅生活の状況把握の活動に協力を求めなければなりません。また、介護職員にも、これからの事業の在り方と職員の意識をどのように持つべきかを説明し、協力を求める必要があります。

このようにして、利用者との新しい関係づくりを積極的に推進していく態勢を作ってください。これまで、何度も述べてきたように、要介護高齢者の「日中の居場所」のようなデイサービスは、ゆっくりと消えていきます。デイサービスの怖さは、今日と明日では、さして変化がないことです。日常的にあるように、利用者が体調不良で今日は欠席だ、明日も欠席になるそうだ。しかし、いつの間にか消えてしまっていた。入院されたと聞いてはいたが、その後退院の通知もないまま、ある日職員が送迎の際、その利用者が他のデイサービスの送迎車に乗っていたのを見かけたというように、必要とされなくなったデイサービスは、衰退をしていきます。欠席の利用者は毎日のようにあり、特筆すべき事柄ではないのかもしれません。

しかし、今月の利用実績を見れば、利用人数の日々の変化には特記事項はないが、1年前の利用実績と比べれば、月間の延べ利用者数が少なからず落ち込んでいたというように、衰退するデイサービスは、じわじわと減少していく宿命を負っています。

入浴、食事、レクリエーションのみのデイサービスは、日々の利用者は納得させられても、居宅のケアマネを納得されることはできません。制度の改正のたびにケアマネの問題意識は変化していきます。デイサービスの新たな在り方が示されたならば、居宅のケアマネは大いに関心を持って見ています。新設の単位数に騙されてはいけないのです。

6 特養併設型デイと独立型デイではどこに違いが出るのか

これまでも述べてきましたが、今回の改正介護保険では、特養併設型デイや医療機関を設立母体とするデイは、独立型と比べて様々な面で有利であると思います。

「栄養改善加算」において、管理栄養士の配置基準が外部の管理栄養士でよいとされた点では、管理栄養士を常時雇用している特養や病院は、容易に併設型デイサービスに兼務で勤務させることができるのです。また、この加算の要件や「栄養スクリーニング加算」の要件でも、「栄養ケアマネジメント」の実施は6か月に1回でよく、管理栄養士を抱えている特養の場合でも、兼務はさして重い負担とはならないと思います。

それだけではなく、ＡＤＬ維持等加算は小さい加算ではありますが、多くの利用者数や重度の利用者を抱えて、ＢＩ利得を達成していくには、母体の特養や病院の支援が期待できる体制があることは、やはり有利さを持っていると思います。

また、先に述べた「生活機能向上連携加算」は、病院併設や関連施設として老健施設を持っているデイサービスでは、きわめて有利になるでしょう。

独立型デイサービスでは、実際問題として、医療機関や老健施設との日常的で緊密な連携が築けている施設はまれでしょうから、外部から理学療法士など専門職を派遣してもらい、共同してアセスメントを行って、個別機能訓練計画書を作成するのは困難以外の何物でもないと思います。

現実にデイサービスなどを併設している、あるいは関連施設として持っているのは、加算要件にある２００床未満の中小規模の病院ですから、これらの病院などと対抗するのは困難でしょうし、ましてや、利用者のかかりつけ病院が、デイサービスを持っている場合では、連携を願い出て、療法士等の派遣を依頼することは同様に難しいと思われます。

さらに、「栄養管理マネジメント」においては、特養ではすでに導入されており、その実施ノウハウを持った管理栄養士がいますので、特養併設型では十分に加算が取れると思います。

このように考えてきますと、併設型デイでは、「機能向上連携加算」と「栄養改善加算」「栄養スクリーニング加算」の３つにおいて加算が取れることになるので、独立型デイサービスとは、1人当たりで月に２５０単位以上の差額が生じることになってきます。

これだけでも大きな差異になりますが、理学療法士や医師の積極的な関与があり、病院並みのリハビリが受けられるということや、管理栄養士が食事だけでなく栄養管理に関わっているという要件を備えた併設型デイサービスは、それらのない一般の独立型のデイサービスとは大きくサービス体制で差をつけられるように感じてしまいます。サ高住に連携して、サ高住の利用者を当てにして事業をしているデイサービスも、いわゆるサ高住利用者の「囲い込み」的な運営で利用者の確保を行っているといって、安閑とはしていられないかもしれません。

ただでさえ、「団塊の世代」は、個人主義的なニーズと健康志向が強いですから、サ高住の関連デイサービスを利用しているといっても、リハビリ希望から併設型のデイに変わりたいと言い出される可能性は否定できません。

このように、今回の改正の内容から、独立型デイサービスと併設型デイサービスでは、加算において、明白な差異が生じることがわかったと思います。厚労省の方針だけでなく、利用者のニーズへの対応力の面でも、総合力を持っている併設型デイサービスとして、居宅のケアマネの評価に差が出てくることも予想されます。

では、独立型デイサービスは、この事態を、手をこまねいて見ているべきなのでしょうか？ただでさえ、特養併設型では、併設のショートステイが利用しやすいとか、将来、要介護度が重度化したときに備えて、特養併設型は有利であるとか、様々な利用者側のニーズや期待があり、有利に見えます。病院や老健施設に併設されているところも、医療があって安心である、老健施設が利用しやすいなどの有利さも指摘されています。

こう考えれば、独立型デイサービスは、圧倒的な不利な条件にあるように思えます。しかし、現実は必ずしもそのようにはなっていません。それは、特養という施設の存在や病院の医療があるという理由だけで、利用者はデイサービスを選択しているわけではないからです。

介護施設で最も重要なことは、そのサービスの質です。特養といっても、すべての特養が高い評価を得ているわけではありませんし、必ず併設のデイサービスも盛況であるということはありません。介護職員による虐待の起きている特養も少なからずありますし、豪華な建物や設備（実際に生活の用をなさない）を売りにして、貧弱な介護サービスを提供している特養や、明らかに「金儲け主義的」な様々な費用徴収を要求してくる特養もあります。そのような施設は、決して良い評判を取ってはいないのです。

また、最近の事情として、介護人材が不足しており、特養のように規模が大きいゆえに必要な人材の確保が十分にできておらず、安心、安全なケアに問題が出ている施設も多いと聞きます。あなたのデイサービス施設が、職員が充足できており、職員が定着してよいサービスが提供できているのなら、決して不利というわけではないと思います。

繰り返しますが、デイサービスは「人につく」のです。利用者にとって良いと評価できる職員のいるデイサービスは、それだけで十分な競争力があると考えて構いません。

職員の笑顔と丁寧な対応のできるデイサービスは、利用者は離れては行きません。今年の冬は、寒さが厳しく、積雪などもあり、デイサービスにとって不利な気象条件が多かったと思います。あなたのデイサービスでは、欠席の利用者数はいかがだったでしょうか? 寒い日や雪の降った日は、利用者数が落ち込みましたか? もし、そんなことはなかったというデイサービスを運営しているのならば、大いに自信を持ってもらってよいと思います。

「デイサービスは人につく」わけですから、人気のあるデイサービスは、悪天候であっても利用者は休もうと思いません。私も、措置制度時代にデイサービスに従事して、降雪や坂道の悪条件のデイサービスをやりましたが、悪天候でも利用者が休まないデイを経験しています。「職員の顔が見たいから」という理由で、厚着をして出てこられた利用者をはっきりと記憶しています。

リハビリ強化や栄養管理を導入することも、もちろんしっかりと検討して自身のデイの改革を進めるとともに、職員の質を磨くことは、強いデイサービスを作ることに他ならないのです。

7 「栄養ケアマネジメント」加算に目を奪われてはいけない

独立型デイサービスは、自分たちの「売り」を職員に求めることが、いかに重要か述べました。とはいえ、特養併設型デイサービスなどが管理栄養士の配置を行って、「栄養改善加算」の算定を受けることに、不安を感じている独立型デイサービスの施設長はいると思います。しかし、特養など居住施設とはデイサービスは違います。栄養状態の把握は、基本的には24時間モニターのできる環境が整備されていないと、なかなか成果のあがるものではないのです。

栄養状態が良い、悪いの判定は、6か月に一度の測定ですし、それ自体は独立型デイでも医療機関と利用者、家族の協力を得れば可能なことでしょう。

問題は、測定すればよいということではなくて、**栄養状態が不良の利用者の栄養改善を、いかにして達成するか**にあります。その点では、特養などは有利です。3食の提供の中で、栄養補助食品の摂取を勧め、一日の摂取カロリーの目標設定とコントロールが柔軟かつ継続的に可能だからです。ドリンクになったフルーツ味の、飲むヨーグルトのような栄養補助食品は、おおむね1パックで200キロカロリー程度ですし、一日の中で、摂取時間を決めて、分けて摂取を勧めることもできます。また、摂取量と摂取水分量を記録して、継続的なモニターができます。

しかし、在宅ではそうはいきません。デイサービスの利用時間中は様々な把握も可能ですが、帰宅されて次回来所されるまでの、食生活や過ごし方は家族でもよく把握できていないケースも多いです。「日中独居」状態や文字通り独居の利用者は、事実上職員によるモニターはできません。このように、実効性に大いに疑問の残る在宅の「栄養ケアマネジメント」は、管理栄養士の配置をしていても同様でしょう。

そもそも管理栄養士を配置していても、日常的に利用者と接する機会のない外部の管理栄養士ができることは、限られています。アルブミンのデータを整理して、利用者の生活ぶりなどとは関係なく、栄養状態の良否を判定するぐらいです。管理栄養士にゆだねられているものは、このような栄養状態の判定ぐらいでしょうか。

加算が取れている、取れていないというのは、在宅に限って言えば、あまり重要な差異にはならないと思います。「栄養改善加算」が6か月に1回で150単位というのは、さしたる収入ではないと思いますし、「栄養スクリーニング加算」5単位などは無視してもいいような程度です。

問題は、今回の改正の中で、国が何を目指そうとしているのか、今後の方向性はどうなのか、であるように考えます。国が、重要なスキームを導入検討しているときには、必ずこのような小さな加算をつけて、実際の事業者の反応と実効性を判断するための参考にしてきます。実効性も高く、事業者の関心も高いとなれば、次にはより大きな加算をつけるように変えてきます。実効「栄養ケアマネジメント」の成果は、特養では国の期待した在宅復帰にあまり貢献できているとは思えません。むしろ、特養は重度化しており、要介護度3以上に絞った入居になりました。

在宅は、何度も言ってきたように、在宅要介護者の施設入居をブロックすることが重要課題ですから、栄養不良が原因で施設入居を余儀なくされるケースを減らすことは、国にとって大きな問題です。在宅から施設に移行すれば、介護保険の負担額は大幅に上がり、施設入居が増加すればするほど介護保険財政は圧迫されます。

大阪市が、政令指定都市で、介護保険料が8千円弱という突出した保険料になったのは、この施設入居が圧倒的に多いからに他なりません。

実際に、特養の新規入居者の受け入れを担当してみて、在宅から施設への移管を希望される利用者の中で、栄養状態の不良という方が非常に多いのを実感しています。

基本的には、不規則で偏った食生活が、栄養不良の原因であるようなケースが多く、特養入居を勧める居宅のケアマネからも、ホームヘルパーの支援ではどうしても限界があり、介護施設において職員による食事介助やサポートが必要との判断を聞かされました。

それほど、実際の在宅では、栄養不良の問題が深刻化しているのです。とりわけ、独居高齢者の増加は深刻で、食事をサポートするサービス力が弱く、配食サービスを受けていても、やがて「飽きた」という理由で辞めてしまうケースも多いようです。

在宅で、家族と食卓を囲み、楽しい雰囲気の中で食事を楽しめる方なら、栄養不良の問題は起きません。独居で、一人きりで、ホームヘルパーさんが作りおいて行った何食かを、その都度温めて食べるわびしさは表現のしようもありません。また、ホームヘルパーさんの支援を受けていなければ、食べるものは偏り、総菜一品とご飯程度の粗食で済ましてしまいがちです。

このような深刻な事情を背景に、栄養改善のスキームは生まれたように思います。栄養管理のエキスパートである管理栄養士を配置して、要介護高齢者の栄養状態を把握することは、今後の在宅の施策を考えていく上でも重要になっているのです。「栄養改善加算」と「栄養スクリーニング加算」は、日常的に多く関われるデイサービスに焦点を当てて、在宅利用者の栄養状態を把握させ、居宅のケアマネと情報を共有し、よりきめ細かく、配食サービスの利用や医療機関のサポートを引き出して、対応できるように計画されたものだと思います。

ですから、「栄養ケアマネジメント」は、単純に基本サービスに課されるデイサービスの利用単位数の減額に対する補完的な意味合いというものが、実は薄いものであることが明らかだと思います。

しかし、これまで述べた内容が、在宅要介護高齢者の実態であるとしたら、デイサービスのサービス提供も変わらなければなりません。特に、独居高齢者の問題は深刻化しており、疾患の悪化などによる孤独死、地域から孤立して外出の機会もなく、認知症も進行するような状態が、しばしばメディアでも取り上げられるようになりました。高齢者は、次第に社会への適応能力を低下させ、自ら進んで社会のコミュニティの中に入ってこようとはされません。

その中で、デイサービスは、送迎があり、ベッドサイドからでも誘い出して、多くの利用者と食事をする機会を提供し、億劫になりがちな入浴をしてリフレッシュと保清を行える、孤立した高齢者の貴重な居場所でもあるのです。

このようなデイサービスの社会的役割は、介護保険には書かれてはいませんが、提供するサービスの意義を考えれば明らかだと思います。

8 施設の「栄養管理体制」をどうするか

今回の改正介護保険の中で、「栄養ケアマネジメント」の位置づけと重要性を話してきました。その中で、今回の加算の内容についても多く触れてきたと思います。今回の加算が、それ自体は大きな変化をもたらすものではないと考えることで、独立型のデイサービスにも多くの可能性のあることがわかったと思います。

管理栄養士の関与の意味が、利用者の栄養状態の把握を数値で捉え、栄養管理指導に導こうという方向も見えたでしょう。

しかし、今回の改正の中では、栄養状態の把握の後の、具体的な政策というものがほとんど見えてはいません。デイサービスが、「栄養ケアマネジメント」にどこまで、どのように関わるのか具体性もありません。

しかし、なぜこのような栄養管理という概念が、具体的な加算という形を取ってでも、強く打ち出されたのかということはしっかりと考える必要があります。特養利用者の在宅復帰促進から始まった「栄養ケアマネジメント」ですが、在宅に置き換えたときに少し意味合いが異なることは説明したと思います。とりわけ、増加の一途をたどる独居高齢者の栄養管理は、在宅から施設への移管の流れをブロックし、介護保険財政の健全化を図るためにも重要な意味を持っています。

私は、栄養スクリーニングを在宅に持ち込もうという意図に、これからの厚労省の強い意向を感じています。

在宅の要介護高齢者のＡＤＬの向上という、基本的な大目標を達成していくのに、栄養状態の改善は不可欠なものですから、絶えず在宅高齢者の栄養状態をモニターできる体制を構築することを模索しているのは明らかだと思います。

これからのデイサービスを考えることは、このような厚労省の意図を読み解き、自身の施設運営に生かす知恵を磨くことではないでしょうか。目先の加算の増減や新設の加算に目を奪われていては、今進行している事態を正確に把握することができなくなります。

仮に、管理栄養士が配置できなくても、利用者のかかりつけの医療機関や医師との連携が確立できれば、何も栄養スクリーニングを自分の施設でできなくても、医師からの情報提供によって、利用者ごとの栄養状態の把握は可能になります。

かかりつけ医は、特定の疾患の治療だけを目的としていません、医療機関にも、かかりつけ医としての実態がある場合には、加算をつけることで、大病院への流れを緩和し、医療費の抑制を図っています。在宅サービス機関に情報提供した場合にも、インセンティブが設定されるようになりました。

地域の医療機関や医師にとっても、デイサービスのような地域の在宅サービス機関は重要な存在なのです。

利用者の全員でなくとも、独居高齢利用者や食生活に問題を感じている利用者に限ってでも、かかりつけ医に栄養状態の情報提供を申し出てみてください。病院であるならば、地域医療連携室に積極的にアプローチすることです。そして、医療機関から得た利用者の栄養状態について、居宅のケアマネに情報提供をして、デイサービスの利用頻度の増加を提案したり、配食サービスの必要性を、デイ利用時の食事状況と合わせて報告したりすることで、居宅のケアマネの、あなたのデイサービスに対する評価は確実に変わってくるでしょう。

ケアマネは、利用者に関する積極的な提案にも耳を傾けてきます。利用回数を増やす話でも、それが利用者にとって積極的な意義のあるものなら、すぐにでも増回が可能です。

デイサービスの「面倒見の良さ」は、何も利用時間に限ったことではありません。在宅時の利用者にとって、利用者を孤立させない、利用者が安心して相談を持ち込めるなど、在宅生活を支える地域のサービス機関としての位置を目指すことは重要です。

これからのデイサービスのキーワードは、一つは「地域」であり、さらには「チームケア」でしょう。

介護保険の施設であるというだけのサービス提供に限ってきた施設は、地域の中での施設の存在意義を考えてみて欲しいと思います。

特に、「介護予防デイサービス」の提供を積極的に行っている施設は、いわば地域の住民である高齢者が施設に足を踏み入れ、地域包括支援センターという地域の見守り機関とつながっていることです。

ですが、いわゆる「介護保険」のサービスしか提供していないなら実に残念です。栄養に関する様々な情報を提供したり、家でできる膝の強化リハビリを提案したりと、積極的なアプローチを考えてみてください。

現在、自立や要支援の方は、近い将来のデイサービスの利用者です。その方々との日常での様々な交流を持つことは、あなたのデイサービスに親近感と信頼感をもたらします。地域の住民という意識で、自立や要支援者とお付き合いする感覚がこれからは重要になります。

「介護予防」は、送迎の手間やリハビリの見守りなど、施設としては手間の割に収入につながらないと考えてはいませんか。そのような近視眼的な見方では、これからのデイサービスの在り方を見失うことになるでしょう。

あなたのデイサービスにも当然のこととして、認知症を持たれた利用者がいると思います。あなたは、認知症の利用者が施設の中だけ安全で、問題がなければそれでよいと考えてはいないでしょうか。

認知症の方とはいえ、地域の中で在宅生活を送っておられます。あなたは、施設の利用者が在宅においても安心、安全に生活されることを望んでいるはずです。

この視点がこれからのデイサービスに要求されているのです。認知症の方が街の中で迷われているのを発見したとき、地域の商店や住民、他の施設で働く人などが、しっかり声かけをして見守るような認知症ケアの連携に参加することです。

地域包括支援センターは限られた人数で、多くの業務を担い、見守りの必要な方に対する具体的な支援活動はできません。しかし、地域の医療機関などの様々な機能と結び付けたり、サービス利用を勧めたりと、様々な役に立つ活動を行っています。

デイサービスの持つ送迎力や食事提供などの機能を生かして、地域の高齢者の生活を支える活動に参加すること、これが二番目の「チームケア」への参加となるのです。

この項目で取り上げてきた「栄養ケアマネジメント」の課題も、この地域の視点で考えてみてください。

すべての利用者に及ぼすのだという発想から抜け出すことです。介護保険の単位に係ることは、利用者全体に係ることですが、単位の呪詛から脱して、個別の利用者の生活を支えるという発想が、これからのデイサービスには重要であるということを強調しておきます。

第4章

「介護と医療の連携」が強まると どんな仕事のスキルが求められるのか

1 すでに地域での「チームケア」への移行は始まっている

繰り返しますが、今回の改正介護保険では、リハビリや栄養管理の課題が、加算として打ち出され、組織的にも外部の機関から派遣される専門職が関与してきて、これまでのデイサービスにはない形態が提起されています。

さらに、「介護予防デイサービス」を軸として、地域包括ケアシステムの一環としたデイサービス独自の役割も提起されてきています。それらへの積極的な関与が必要であり、早急な検討が必要とされていることも述べました。

デイサービスが利用者の栄養状態の把握を行う場合にも、加算の有無は別として、地域の医療機関との連携で利用者への支援が可能であることにも言及したと思います。地域包括支援センターでは、センターにもたらされる民生委員や地域の様々なボランティアからの情報に基づいて、センターの社会福祉士などが積極的な相談業務に従事しています。

また、医療機関の医師や歯科医師なども、健康管理の面で生活指導や誤嚥防止の口腔ケアの指導を行うところも増加して、地域の「チームケア」が機能し始めていると言ってよいと思います。デイサービスに対しても、「介護予防デイ」利用の依頼や利用者の情報提供を依頼されるケースも増えてきています。デイサービスひとりが、蚊帳の外で介護保険サービスだけにいそしむことは難しくなっていると考えてください。

デイサービスは、介護福祉士や看護師などの専門職を抱え、介護の分野の専門職として、その専門性を発揮する必要に迫られています。

要支援となり、今後加齢などによって要介護状態に進行していく可能性のある親を抱える家族介護者に対して、介護の専門家として助言や指導を行う必要性も出始めているのです。とりわけ、認知症の高齢者の問題は、様々な形でメディアでもクローズアップされており、地域でも認知症カフェなどがボランティアによって運営されていたりする中で、認知症ケアの研修を受けた専門性の高い職員を抱えているデイサービスでは、その役割が期待されています。

その意味では、地域での「チームケア」への移行は始まっているのです。今回の改正は、ある意味で「チームケア」への移行を促す作用もあるかと思います。

日常業務に追われるデイサービスは、ではどのようにしてこの「チームケア」に参加してゆけばよいのでしょうか。まずは、地域の民生委員とのコンタクトを取ることでしょうか。介護保険ニーズにかかわらず、民生委員は地域の中で課題を抱える様々な住民の情報を持っており、自然な形で協力を申し出てみることです。デイサービスも地域の一員であるのですから、地震や火災などの災害発生時に、一時的な避難所など場所の提供や厨房の提供などを申し出てみるのも良いでしょう。また、老人クラブや自治会が習い事や何かの集まりで場所を探しているなどの時にも、営業日以外の場所提供を買って出るのでも良いと思います。

まずは、地域の方々に、施設に足を踏み入れてもらうことが大切です。

また、地域の問題や課題を話し合う場所提供でもよいでしょう。そういった話し合いに施設長なりが参加して、耳を傾けることは地域の課題と向き合える絶好の機会だと思います。

地域に開かれたデイサービスは、「共生型通所介護」として、主に「障害福祉制度における生活介護、自立訓練、児童発達支援、放課後等デイサービスの指定を受けた事業所であれば、基本的に共生型通所介護の指定を受けられる」として、生活相談員を配置して、地域貢献活動を行った場合に、1日当たり基本単位数の93％を認め、「生活相談員配置加算」として13単位を認めることになりました。

これらは、地域の障がい者施設や児童の放課後デイなどが、生活相談員（社会福祉士など）を配置して、地域における認知症カフェや地域交流の場を提供した場合に認められる、新たなデイサービスです。

高齢者介護施設以外が、認知症カフェなどの専門外の地域交流に進出してくることは、脅威とは言いませんが、地域の様々な機能が地域の中で課題を抱えた人々に対してサービスを提供することは、地域における「チームケア」が活発化することを意味しています。

デイサービスだけが地域の活動に背を向けて済ませられる環境ではないということです。地域に開かれた施設づくりは、待ったなしの状況だと認識してください。地域の中で、あなたのデイサービスが、その存在を主張することは、地域での「チームケア」に参加するだけでなく、超高齢化社会を受けて、高齢者介護事業を運営している施設として、むしろリーダーシップを発揮する必要があるでしょう。

まして、リハビリの強化や栄養ケアマネジメントの実施を要求されるデイは、何度も言ってきたように、地域の様々な機関との連携なしには成り立たなくなりました。あなたのデイサービスの理念や方針を、内部だけのものではなく、地域の諸機関や他の施設、地域の住民やボランティアにまで、広く浸透させせなければなりません。そして、地域への貢献活動の一翼を担う中で、施設の利用者へのサービス提供や支援を行うという広い考え方が重要になります。

いたずらに、これまでのデイサービスの内容を変えることなく、事業を維持することももちろん可能です。今回改正の基本サービスに対する減算を、経費削減で吸収して、これまで通りにデイサービスを運営することの問題はありません。

しかし、目前の利害だけで安心していてよいでしょうか?

事業の先駆けというものは、その時には、そんなことができるわけがないと誰もが思う時から始まります。かつて、私が、神戸でデイサービスに携わっていた時、ワゴン車や普通車、マイクロバスを使ってまで、個別送迎を始めました。ベッドサイドから一人ひとりの利用者を迎え、送迎に相当のエネルギーを使いましたが、世間の評価は、バスストップ方式の一斉送迎でしたから、何というムダと酷評されました。今はどうでしょうか? バスストップ方式など存在すらせず、ワゴン車で自宅からの送迎を行うのが常識になっているではありませんか。

医療機関との連携など特養でもない限り無理だと考えているのではないでしょうか。しかし、今の不可能は近い将来の常識になっているものなのです。私の経験したデイサービスは、わずか20年前ですから。果敢に、地域の「チームケア」の参加していく、地域の中で存在感のあるデイサービスへの転換を図る勇気は、今こそ発揮されるべきでしょう。

2 介護が主導するのか、医療が主導するのか

利用者の「機能の向上」を図り、栄養状態の把握を行っていく新たなデイサービスの課題について、どのようにアプローチすればよいのでしょうか。介護の世界だけではなく、医療の世界も当然のように、膨大に膨らむ高齢者医療費の抑制に、国は様々な政策を打ち出してきています。

大病院への受診を抑え、地域のかかりつけ医としての役割を果たせば、加算がつくようになりましたし、サ高住などの高齢者施設以外の在宅の高齢患者を診る訪問診療も高い評価を受けられます。高齢者の在宅生活に資する医療的な援助に対する対価も、いろいろなスキームで医療の中で構築されてきましたから、地域の医療機関は、大いに関心を持って今回の改正を見守っています。医療費の改定と介護報酬の改定は同時に行われますから、地域の医療機関も生き残りをかけて、様々な新しい取り組みを行ってきますし、介護との連携を模索しているのです。

今回の改正を受けて、介護か、医療か、どちらが主導するのがよいのでしょうか。また、実際にどちらがリードしていくことになるのでしょうか。

私の結論は、介護側に主導権はあると見ています。理由は簡単です。医療機関は、決して高齢者だけを診ているわけではないからです。デイサービスは、高齢者だけにサービス提供する

機関です。要介護から要支援、自立の方まで含む幅広い対象者を持つ、高齢者にとっては総合的な支援を受けられる施設です。そして、何よりデイサービスの使命は、高齢者の在宅生活を維持するための支援を行うことにあります。生活全般を見ていく活動は、介護だけではなく、生活を営む上で必要な事柄の相談や医療的な相談も、当然のこととして含まれてきます。

デイサービスが、利用時間に限定したサービスの発想を捨てて、いわば全人的な支援、生活を営む上ですべての領域をカバーするような支援を行えば、当然のこととして医療機関にはできない支援をリードしていくことになります。

医療機関やかかりつけ医に働きかけて、情報提供を受ければ、医療機関やかかりつけ医の側にも、情報提供に関するインセンティブが用意されていますので、面倒くさく思われることはないと思います。医療の側には、利用者の健康管理と疾患の管理、リハビリ指導の助言を行うという役割を付与し、顧問的な立場を担っていただくことです。

現実には、「サービス担当者会議」に必要があっても、医師が出席することは滅多にありません。積極的に関わりを持って、出席をしてこられる医師は、在宅診療を主体に「看取り」まで行う訪問診療医であり、積極的な関わりについては、大いに介護側として歓迎すべきです。

このようにデイサービスの事業内容が変化するならば、利用者を積極的に生活全般に至るまで支援するための、組織的な再編や意識改革が必要となります。とはいえ、いきなり在宅支援を行うからといって、新たな生活相談員などの職員を採用するなどできないことですから、施設の既存の職員間での役割と職責を見直すことです。

利用者の生活をサービス料時間外の状況も把握するとなると、当然のこととして利用者宅への訪問活動が必要となります。そのような活動が可能な職種と言えば、生活相談員ということになります。あるいは、施設長でしょうか。訪問先は、当日利用されていない利用者となり、日中の時間やデイサービス終了後の時間を利用することになるでしょう。

大規模型のデイサービスや普通規模型のデイサービスでも利用者数は、数十名になっていますから、利用者全員を対象にして支援を行うということは、実質的には不可能です。どこのデイサービスでも月に1回は、職員全体の会議を開いていると思いますので、大きな課題を抱えている利用者を会議の中で抽出するのがよいと思います。深刻な課題を抱えた方は、おそらく数名程度ではないでしょうか？

現在では、いわゆる独居高齢者の生活支援が課題となっていますし、社会での孤立化の防止が重要な問題になっています。とりわけ、食生活の安定や地域社会との関わり方に課題を抱えている場合が多いと思います。支援の重要なポイントは、利用者の中の独居高齢者になるのは当然のことと思います。

また、別の点で深刻な課題を抱えているケースは、家族介護者との関わりと家族介護問題でしょう。認知症がある場合や、とみにＡＤＬが低下している利用者を抱えているケースでは、家族の悩みや相談事が重要になります。認知症で周辺症状が悪化して、頻繁に外出しようとして迷ってしまうケースや、トイレなどが介助なしにできなくなったなどのＡＤＬ低下の課題には、家族は様々な迷いを感じています。

頻繁な外出を止めさせようとして、十分な休息や睡眠が取れない、警察などに保護されたときに備えてお酒をやめたなど、家族の側の深刻な問題が浮かび上がってきます。このような事態には単純にデイサービスの提供するサービスでは、対応が不可能です。

家族の悩みは、在宅から施設への移行を選択し始めることにつながります。しかし、利用者本人の希望があくまで在宅での生活にあるとしたら、家族は無理な施設入居に罪悪感を持つ場合も出てきます。相談の内容は深刻であるために、デイサービス以外のサービス利用を検討することも必要になるでしょう。

このようなケースでは、単独での相談はもはや難しくなりますので、居宅のケアマネにフィードバックして、共同でサービスを検討するのが良いと思います。

また、かかりつけ医などに状況を報告する機会を設け、認知症の周辺症状の問題ならば、精神科の受診も考慮しなければなりません。

介護側が主導して、このようなケースのケアを受けていくとすれば、デイサービスの中に専門チームを作ることをお勧めします。なぜなら、生活相談員が一人で負える課題ではないからです。ＡＤＬの低下と身体的な課題ならば、機能訓練指導員が関わり、医療面では看護師が関わるというように、チームで対応すること、またメンバーには一般の介護職員も加わり、日常のデイサービスの中での連携した支援を行えるようにすべきです。

現在では、介護保険制度の中では、このような支援に対する加算はありませんが、次第に要介護高齢者の在宅生活を支援することの困難さが認識され始めており、今回の改正の趣旨の中で、栄養管理マネジメントやリハビリ強化を打ち出して、在宅生活維持を強く求める内容であることは、デイサービスが今後担うであろう在宅生活支援の事業に対して、適切な加算が設けられるかもしれません。

3 介護主導のチームケアで重要なのは医療との連携を作り出すこと

地域での「チームケア」は介護が主導するのが良いと話してきました。介護主導のチームケアで、重要なポイントはどこにあるのでしょうか。それは、まず医療との連携を作り出すことにあります。今回の改正でも、医療との協力関係なしには、新たな加算の内容に応えることは難しいと思われます。前項で、デイサービスが利用者の在宅生活維持を支援するのに、課題の深刻な利用者に絞った支援の在り方という話をしてきました。

その利用者たちは、必ず多かれ少なかれ、医療的な課題を持っています。医療の関わりなしには、在宅生活は不可能になっているのです。ですから、医療的な支援の態勢を構築することが、まず必要となります。利用者の主治医やかかりつけ医の支援は、いよいよ在宅生活が困難な局面になってきたときに、緊急避難的な入院などの措置が期待できます。

特に、家族介護者の支援を考えるときに、家庭の場で深刻な状況に直面した場合には、家族介護者は基本的に無力であると考えるべきでしょう。

家族介護者は、介護のプロではありませんし、相談援助のエキスパートでもありません。深刻な期待が生じたときには、家族であるがゆえに感情的にもなり、冷静な判断や提案ができないと考えるべきです。そのようなときに、この「チームケア」の力が重要になるのです。介護施設というものは、医療的な課題のある利用者を、緊急避難的に受け入れるのには適していません。服薬や医療的ケアに十分な対応ができないのです。また、介護施設の受け入れ先としてあり得るのは、ショートステイですが、現状は満床のことも多く、受け入れが不可になりやすいでしょう。

このようなときに、唯一緊急避難のできる施設というのは病院なのです。病院では、診療情報提供書と薬情（薬の明細説明書）さえあれば受け入れができますし、医療的な問題には検査を行ったりして対応ができます。地域の「チームケア」にとって、医療の連携が確保できることは何より重要だということができると思います。

次に重要な関係づくりとなるのは、地域包括支援センターです。

包括支援センターは、相談機能を総合的に持っています。また、スタッフに看護師や保健師、社会福祉士など医療や福祉の専門職が在籍しているので、必要に応じて様々なチャンネルにつなげることができます。介護予防デイサービスを受けている利用者では、紹介先である地域包括支援センターに情報をフィードバックするだけで新しい対応が可能となりますので、デイの運営上でも地域包括支援センターとの関係性は重要視するべきです。

地域での活動を考えるときには、民生委員が重要な役割を持っています。市役所などの公的機関との接点を持っていますから、民生委員の口利きで役所との折衝がスムーズに行くことがあります。

また、認知症の方の問題で、重要なチャンネルとなるのはボランティア団体でしょう。特に外出が頻回で、街中で迷ってしまわれる認知症の方には、地域で見守りの目の役割を果たしてくれる場合が多いです。彼らは、障がい者の団体ともつながりのあるケースが多く、重層的な協力体制を作ることができます。ボランティア団体には、デイサービスが遠足などの外出行事を行うときに、介助ボランティアを依頼したりなど、良好な協力関係を築いてください。

私は、デイサービスと関わっていた当時、積極的にボランティアの活用を行っていました。デイサービスというのは、地域性やサービス利用の関係で、曜日というもので利用者の編成を行うものですが、どうしても曜日によっては課題の多い認知症の方々が多くなり、職員の目が届きにくくなります。そのようなときに認知症の利用者への見守りボランティアを依頼したものでした。トイレなどの介助はもちろん職員が行います。また、自立度の高い方が多い曜日には、話し相手のボランティアをお願いしたものです。

以上述べてきた各関係機関、個人との連携が地域における「チームケア」の核となります。デイサービスは、限られた時間と曜日の中で利用者のケアを行いますから、地域における利用者の生活ぶりついて、どうしても情報を収集することが容易ではありません。デイサービスのためにというようなアプローチでは、このような関係機関、個人の協力は得にくいものですが、「チームケア」の考え方を前面に出して、地域の「協力会議」のようなものを提起して、地域の課題として取り組む姿勢は、十分に理解が得られると思います。

先に述べたように、家族介護者が深刻な状況に陥ったときや独居高齢者が食事や社会との関わりの中で問題が生じたときには、デイサービス単体での対応は困難ですから、このような様々なチャンネルの利用が可能なようにしておく、これが地域における「チームケア」の良さではないでしょうか。

先に「チームケア」は、介護が主導で行うということを話しました。見てきたように、課題のある利用者のケアを組み立てるときには、自然と介護側であるデイサービスの存在がクローズアップされてきます。いわば核になる組織として、自らのデイサービス内においても協力体制を築いておく必要があります。

そのためには、最初に生活相談員の役割と職責を見直すことです。みなさんの施設では、生活相談員はどのような位置づけで、どのような役割を果たしているのでしょうか。介護職員の人材不足で、一日の多くを現場で介助に当たっているのでしょうか。また、利用者の連絡帳や記録の記入に追われる業務でしょうか。

様々な関わり方があると思いますが、生活相談員も現場職員と考えて介護の現場に入ることには賛成です。書類仕事に追われる生活相談員は、本末転倒のような気がします。利用者の動きと職員のケアがあっての記録ですし、連絡帳です。バイタルの記録などは、看護師が分担しても良いわけですし、記録は生活相談員という考えには同調できません。

あるデイサービスで、生活相談員が、利用者たちに背を向受けて座っているとか、利用者が不安定に立ち上がりをしたときにも、利用者に目も向けないという光景を目にしたことがありますが、何をかいわんやです。

さらに、一般の介護職員の理解が非常に重要だと思います。デイサービスの介護職員は、その日の自己の当番や役割分担には忠実ですが、それ以外の業務や役割には無関心なことがあります。「チームケア」は、内部と外部のチームが協力して成り立つことを指導してください。

4 デイのキーマンは機能訓練指導員と看護師になる

生活相談員の役割についてお話ししましたが、できるだけ記録などに取られる時間を減らして、自由に動ける時間を取れるようにしてください。民生委員との話などは、施設を代表して施設長が行うのが適切だと思いますが、地域のボランティア団体とは生活相談員が実務的な話として進めるのがよいでしょう。また、医療機関や居宅のケアマネとも生活相談員が、個々の利用者さんの課題を協議したり、勧めたりする上でも、やはり生活相談員が適切ではないでしょうか。こう考えると、生活相談員は、外部と施設を結びつける重要なポジションということが言えます。

日常の記録や連絡帳の記入などは、介護職員で日々担当制にして、適宜記入する方式を取れば、生活相談員は自由に動くことができます。例えば、午前中は施設の業務や利用者とのコミュニケーションに時間を取り、午後からは自由に外出や打ち合わせが可能になるのが理想であるように思います。

そのためにも、一般介護職員にも、役割の変更と業務の分担を理解してもらう必要がありますから、一度ミーティングを開いて、「チームケア」の考え方を説明するのがよいでしょう。また、これからは、結構外部の方が訪問されるケースも増えますので、接遇や挨拶などの徹底も必要かと思います。さらに、今後は利用者の生活情報が必要ですから、記録目的の利用者情報だけでなく、生活相談員や地域の諸機関に提供できる情報を集約しておくことも意識していただきたいと思います。ちょっとした利用者の変化や発言などは、在宅で起きている問題の重要なヒントとなることも多いことは、私の経験でもしばしばありました。介護職員の観察力を伸ばしておくことは重要です。介護職員には、特養の介護職員と同様に、メモを常時携帯して、気が付いたときに、積極的にメモをとる習慣をつけるのが良いです。

さらに、ここから重要になるのは、まず機能訓練指導員の役割です。日常的には、機能訓練指導員は、黙々と利用者と向き合ってリハビリを行うというイメージがありますが、今後は、医療機関の専門職である理学療法士や医師などとも話し合って、デイサービスでの機能訓練に連携してリハビリメニューを実施する必要も出てきます。

機能訓練の専門職として、対外的にも利用者の機能訓練に関して意見交換をする、得られた情報をもとに個別機能訓練計画書を積極的に作成していくことも、重要な役割となります。

特に個別機能訓練計画書は、利用者が別途病院やクリニックに通って受けているリハビリと連動して、共通の目標のもとに、計画書に内容を落とし込む必要がありますから、医療機関との関係性には深く関わっていくことが大切になります。

また、個別機能訓練加算Ⅰ、Ⅱのどちらを取っていても、これからはある意味で厳格な実施と実施記録の整備が重要となります。Ⅰでは、介護職員や看護師が行う機能訓練を実地に指導する力量が要求されますし、Ⅱでは在宅での機能訓練と施設の機能訓練を、実際に結び付けるような作業が要求され、実効性を問われることになるでしょう。さらに、利用者のＡＤＬを維持、向上させるために、自身が行う機能訓練だけでなく、全体で行う体操や日常動作の中で機能向上に役に立つべき、生活リハビリの内容にも踏み込む必要があるかもしれません。

こう考えてくると、機能訓練指導員の役割は、デイサービスが提供するサービス内容に大きな影響を及ぼすことがわかります。ですから、機能訓練指導員は、デイサービス全体の機能訓練計画や構想を充てる重要なキーポジションとなるのです。そして、個別に機能訓練の成果を評価して、さらに計画書に反映させたり、計画書の変更を行ったりと、きめ細かな対応もする必要が出てきます。

場合によっては、指導員を公的な機能訓練に関する研修にも派遣することです。今回の改正を受けて、加算の有無にかかわらず、機能の向上とＡＤＬの維持は重要な課題になりました。それに伴って、相対的にデイサービスの中での機能訓練指導員の位置は大きく変化しているのです。

ともすれば、機能訓練は、デイサービスの中で任意性の高い、付加的なサービスのような位置を与えられていたところが多いと思いますが、大いに考え方を変える必要があります。

ましてや、看護師が機能訓練を兼務で行っているようなデイサービスは、人員の配置から考え直さなければなりません。リハビリの成果を真摯に問われる時代になったのです。まず、兼務で片手間のような機能訓練は、実効性を問われたときいかがでしょうか？　また、兼務による業務に対する責任感や集中力はいかがでしょうか？

なかなか人材難の時代ではありますが、早急に専任者を確保するべきだと思います。

次に、看護師の役割と責任も大きく変化するものと考えてください。

看護師は、利用者のバイタル測定から始まり、入浴の可否の判断や利用者の服薬の管理を主に担ってきましたが、これからは相談業務も入ってくることを意識していただきたいと思います。健康管理は、何もデイサービスを利用するためだけのものではなくなりました。一日無事にサービスを受けていただくためだけの健康管理ではありません。

これも加算を取る、取らないの問題は抜きにして、デイサービスに利用者の栄養状態の管理を要求する流れができてきましたから、管理栄養士のいないデイサービスでは、看護師が栄養管理まで担う必要があります。デイサービス利用時だけの食事摂取の問題ではなくなり、在宅での食生活の状況も把握しなければなりません。家族と連絡を交わしながら、栄養状態と食事摂取の状況を確認して、デイサービス利用時に対象の利用者と面談をしながら、栄養指導を行う必要が出てきました。

とりわけ、独居高齢者の食生活には偏りのあることが指摘されており、食生活の実態を把握するには、一度や二度の面談ではなかなかわからないものです。時には、独居されている利用者の自宅を訪問して、食生活の実態を実地で調査することも必要かもしれません。

実地に調べてみると、生活において買い物や食材の調達に難儀しており、ホームヘルパーの介入支援や地域での見守りなどの必要性が見えてくるかもしれません。それらを地域の「チームケア」に反映させる責任も生じてくるでしょう。

看護師の役割と責任も、これまでの内部での限られた利用者へのケアから、高い社会性を帯びたものに変化します。看護師もキーマンに違いありません。

5 地域密着型デイの「運営推進会議」の在り方が変わる

地域密着型デイサービスには、地域密着型の認知症グループホームと同様に「運営推進会議」という地域の人々が参加する会議を定期的に開催しなければなりません。「運営推進会議」は、地域に住まう高齢要介護者が、適正で必要な介護が受けられているかを確認し、また地域の介護の課題を取り上げて、共同して取り組むというものです。ともすれば、施設側の一方的な説明と簡単な質疑で終わり、日常的には、推進会議に参加している地域の人々や利用者の家族は、施設にあまり足を運ぶことは少なく、一方的な内容になっていることが多いようです。

利用者の家族によっては、日常親が世話になっているという意識ですから、施設運営に対する批判は出にくいものです。施設にとっては、法令上実施する義務があるということで、形骸化が言われてきました。

しかし、この「運営推進会議」の内容が変化する可能性があるのです。デイサービスの内容が、施設内だけの閉鎖的なサービスであったときには、さして問題にもなりませんでしたが、地域の様々な医療機関やボランティア団体などとの連携が、具体的に動き出すのであれば、「運営推進会議」は、さながら地域の「チームケア」の推進会議の様相を呈してくるかもしれません。地域との連携の前提となってくるのは、おそらくまず「情報公開」でしょう。デイサービスで行われているサービスの内容や実績というものが公開され、デイサービスが抱える課題が話し合われることになります。

また、「運営推進会議」には、市役所などから担当職員や地域包括支援センターの職員が出席するよう義務付けられていますから、公的な観点からも注目されます。役所の職員は、おそらく施設の運営状態が、適正で問題のない状態であることの確認を目的としているのみですので、特に積極的な発言はないと思います。

私が、在り方が変わるという一つのポイントとしたいのが、地域包括支援センターの参加です。利用者の在宅生活を維持するという目的は、地域包括とは共有できるものです。限られた人員と時間の中で、利用者の在宅生活を維持していく課題は、デイサービスにとってどうしても限界のあるものです。とりわけ、デイサービスの利用時間の中で、日常のサービスを提供しながら、時間を確保して相談に応じていくことはなかなか困難なことです。

そこで、地域包括との連携が重要になるのです。地域包括支援センターは、前にも述べたように、社会福祉士や看護師、保健師などの専門職が在籍して、強い相談機能を持っています。地域包括の日常業務の中で、地域で課題を抱える住民への訪問と相談機能には充実したものがあります。地域密着型でなくとも、これからのデイサービスにとっては地域包括との連携は重要と言えます。利用者の在宅生活の課題が、浮き彫りになってきた時に、その生活ぶりや食生活の状態の把握は、地域包括の訪問活動に依頼することもできるのです。

また、地域包括は地域のサービスを取りまとめ、紹介をしたり、必要な機関に取り次いだりという業務を行っているので、医療の重要性が増した利用者に対しては、適切な医療機関への連絡を行ってくれたりします。

ですから、地域密着型のデイサービスでは、この「運営推進会議」を義務感だけで、形式的な会議で終わらせるのは、実は大変もったいないことなのです。とりわけ、認知症のある独居高齢者などは、単体の介護サービスがその課題を一身で担えるものではありません。

これからのデイサービスでは、サービスが終了し、送迎が終われば完了というわけにはいきません。帰宅後の生活ぶりを把握して、例えば個別機能訓練Ⅱを算定している場合などは、在宅でのリハビリに対しても、適切な指導を行うことが要求されています。

認知症の利用者などは、頻回な外出と道に迷うというような行為がしばしば起きますから、地域の見守りや注意喚起が重要になります。

また、独居高齢者が、自宅で積極的に自身によるリハビリを行うなどは困難ですから、老人会主催の朝の体操やレクリエーション行事に積極的に参加を促し、その社会性を維持すること、身体の健康状態を保つことに貢献していただくことは大変重要であると思います。

場合によれば、地域の目と施設での利用状況から、地域包括に情報を集約して、在宅生活では安全を保てないと判断して、施設移管を進めることも必要になります。

ですから、「運営推進会議」をうまく活用して、デイサービスの利用者で、深刻な課題を抱える利用者についてはピックアップして報告し、地域の機関や個人に、処遇についての課題を認識していただいて、議論に参加いただける環境整備も必要かと思います。

これからの地域におけるデイサービスは、地域の中で課題の解決を図るという、開かれた姿勢が重要となります。今回の改正介護保険の重要なポイントが、外部からの専門職の参加による在宅生活を維持するための「機能の向上」とＡＤＬの維持にあるわけですから、加算の有無にとらわれず、大胆に地域に施設を〝開く〟ことです。

地域の中に施設を開くということは、前述の「共生型通所介護」に現れているように、地域の中で「共生」することと考えればよいと思います。

地域の中の施設や医療機関が、地域の住民団体と共同して、地域の課題と取り組む、例えば、デイサービスでは認知症のある利用者の安全を確保するための取り組みなどが挙げられます。デイサービスを、いわば基地として、自分の施設の利用者だけではなく、広く課題を抱える利用者の保護や支援を行うことは、改正介護保険に込められた「地域貢献」の課題にも合致します。

地域に施設を開くといっても、日常業務が多忙の中では、なかなか難しいものがありますので、「運営推進会議」で施設として介護予防リハビリ講習会を開くとか、施設のガーデンを利用して、地域のガーデニング愛好家の方と利用者がコラボするなどの企画を提案してみることです。

そうすれば、デイサービスのレクリエーションもバリエーションが増えますし、ある意味での利用者の社会参加が可能になるのです。

このような工夫は、おそらく「運営推進会議」では、歓迎されると思います。このような取り組みの中で、例えば施設の機能訓練指導員と地域の老健施設の理学療法士がコラボして、リハビリ教室を日曜日に開講したりすれば、自然と地域の医療機関との協同が生まれます。

6 多職種間連携に必要なコミュニケーション能力とは

これまで介護の世界では、「多職種間連携」については、様々な課題があるとされてきました。特に、特養などの施設介護においては、介護職と医療職との連携がしばしば、問題にされてきました。介護出身の看護師がいないように、専門職となる過程が根本から異なる職種間では、その施設業務の分担を巡って、様々な問題が議論されてきました。

介護施設では、一日の介護業務の流れがあり、朝の離床時間と朝食時間、入浴時間、夕食時間と更衣、口腔ケア、着床介助と忙しい時間が集中します。その中で、介護職員が業務に追われているのに、看護職員はまったく関与してくれない、入浴介助には入ってくれないなどの介護側からの不満がしばしば出てきました。また、看護職員は医療職として、介護職より一段上に見る風潮がいまだに生きており、しばしば感情的なトラブルのもとになっています。

しかし、介護施設の良さは、利用者の処遇を巡って、すべての職種が丸いテーブルについて、対等な立場でついて議論できるという点です。医療の世界は、医師を頂点にして、認定看護師、看護師、診療放射線技師、薬剤師、臨床検査技師、介護職、事務という強固なピラミッドが構築されていて、ピラミッドの高さによって発言権が異なる「差別社会」です。介護職が医師に自由に意見を言うことなど考えられない世界です。しかし、介護施設では、それなりの配慮は必要ですが、介護職員が嘱託医に直接医療処置や服薬内容を巡って話をすることが可能です。

こういった介護の世界のフラットな良さを生かしながら、多職種間の相互理解が、重要だと思います。大きくは、まず職責と守備範囲への理解が必要だと思います。特養では、ユニットケアでは顕著ですが、介護職員は自身の担当利用者を持ちますし、日々の業務でも、その日の担当業務と利用者がはっきりしています。

それに対して、看護師は特養でもデイサービスでも、守備範囲が常に利用者全体になります。全体の健康管理を担いながら、個別の課題のある利用者をスポットで診ていく役割を負っています。ここでの違いで、最も大きいものは、情報量と情報の持ち方です。

看護師は、その日の受け持ち利用者だけでなく、利用者全員の医療情報を持っていなければなりません。同時に、その日の利用者の特記事項を観察して対応を決める必要があります。特養などでは、病院受診の必要性やタイミングの判断をして、生活相談員や施設ケアマネに伝達するなど、利用者の健康管理上の業務は待ったなしが多いのです。デイサービスでも同様です。介護職員以上に、前回の利用時との差異や変化を観察しなければなりません。医療的な問題を、継続した観察ではなく、比較の中で判断するのは専門職としての重要な仕事でしょう。

逆に、看護師が配茶を手伝っていたり、手洗いやうがいを手伝っていたりというようなデイサービスは、大いに疑問です。それどころか、利用者の足の上がり具合や上下肢の筋力の違いなどを、緊張感を持って観察しているべき時間に、本来業務をしない看護職員がいれば、大いに問題にすべきです。また、特養でもデイサービスでも看護職員の重要な役割は、服薬管理です。特養では配薬のミスがないかどうか、糖尿病患者では、低血糖になっていないかどうか、しっかりと観察しています。デイサービスは、在宅での服薬状況がわかりませんから、顔色や動きから、利用者の状態を判断しなければなりません。

このような看護職員の職責と動きを理解していたら、看護職員が直接介助に当たらない理由は明らかですし、むしろ、自身が観察して特記事項に気づいた時には、看護師に情報提供しようと思うものです。

また、逆に介護職員と看護職員との関係性がよい施設では、デイサービスでもそうですが、介護職員が必要以上に、看護職員に依存してしまうことも起きています。医療的なことで、何かわからないことがあれば、自身で調べれば済むことでも安易に看護職員に聞くような習慣はないでしょうか。基本的に看護師さんは親切ですから、介護職員が質問してきたことには誠実に答えてくれます。しかし、このことは違った意味でバランスを欠いていますし、緊急時などの対応力を介護職員から奪ってしまいます。

介護職員が身に着けておくべき医療知識と介護がするべき技術は、研修を行うなどしてきちんと教育しておく必要があります。介護と医療の職種間の違いはこのように守備範囲の違いだけでなく、観察のポイントも違うのだということがおわかりいただけたと思います。おそらく、この多職種の連携は、利用者の急変時や緊急時にその質が問われ、明らかになるでしょう。

デイサービスにおける生活相談員は、直接的な介護業務に従事しているデイも多いとは思いますが、基本的には、利用者の情報管理と利用状況の記録、請求管理などが、どこの生活相談員も行っている業務ではないでしょうか。

どちらかというとデイサービスでは、事務職的なイメージのある生活相談員ですが、今回の改正を受けて、生活相談員の役割と職責は大きく変化してきます。地域の様々な機関や個人との連携や、医療機関との関係づくり、居宅のケアマネとの情報交換や協同なども視野に入ってきましたから、内部的な職務から対外的な職務へ業務内容が一変することも考えるべきです。

今まで、日常業務の中で、介護職員があてにしていた業務が、生活相談員ではできなくなる可能性も出てきているのです。また、機能訓練指導員も、個別機能訓練計画書への参画の度合いが高まり、医療機関のリハビリ専門職とのやり取りも出てくるでしょう。

このように見てきたときに、異なる職種の間の連携のポイントは、どこに置くべきなのでしょうか?変化する役割と業務の多様化を前にして、最もコミュニケーション能力を発揮すべきは、やはり施設長でしょう。しっかりと各職種の役割と責任、業務内容を把握して、全体の業務を調整する役割は施設長のものです。そこでは施設長の調整能力が問われます。

多職種間のコミュニケーション能力、基本となるのはやはり、違う立場の人々に対する傾聴の姿勢ではないでしょうか。そのためには、フラットな全体ミーティングを開くことです。なかなか、全員の職員が集まりにくいでしょうが、2時間や3時間をかけた重い会議を一回開くよりも、日常業務終了後の全体ミーティングを工夫した短時間で、各職種が相互理解を図れる時間を確保することが重要です。なるべく、全職種の発言を重視して、発言の機会を保障しながら、コミュニケーションを図ることを重視してください。決して、結論を追わず、相互の立場や忙しさ、職務の難易度が共有できる環境づくりは、施設長が行うべきです。

7 チームケアのポイントは医療への大胆なアプローチにある

異なる職種の間の相互理解を施設の中で共有できることは、地域での「チームケア」で、デイサービスとして異なる立場の地域の諸機関や個人への理解を深めることにつながります。このことは、施設長や一部の幹部職員だけが共有すべきことではなく、デイサービスの全職員が共有していただきたいと思います。

というのも、「チームケア」への参画は、これからのデイサービスでは避けて通れることではないからです。施設長や生活相談員が、単独で行えるものではありません。職員全員の理解と協力なしには、成り立つものではないからです。その観点で、**職員がみんなで地域の諸機関の役割や協力関係について学んでおく必要があります**。

ここまでお話してきて、まだ「チームケア」について思い悩んでおられるのではありませんか。介護報酬の改定のたびに、もっとも気になるのは、基本報酬の増減ですし、収入にプラスとなる加算の有無が関心の中心であったと思います。今回の改正で、基本報酬の額が、規模が大きいほど減額されていることに危機感を持たれたとしても、既存の人件費で運営が可能であるし、いきなり利用者が減るものではありません。施設のサービスの何かを変える必要なんてないのではないかという声も聞こえてきそうです。

なるほど、今日、明日、明後日のデイサービスには何の変動もないでしょう。報酬の改定に伴って、重要事項説明書を差し替えなければいけないなあという程度でしょうか。

しかし、ここにデイサービスという事業の難しさが存在するのです。特養など居住型の施設は入退居の動きが明確であるのに対して、デイサービスは利用者の動向が見えにくいものです。今日30人利用者が来られていても、明日は10人になるかもしれません。利用者は自由に欠席されますし、体調を崩されたり、ショートステイを利用されたり、急に施設の入所や入居が決まるかもしれません。

デイサービスの難しい点の一つは、施設側のミスが明白な場合のクレームを除いて、施設に対する不満や要望がダイレクトには届いてこないという点です。利用するデイサービスへの不満は、辞める、他の施設に変わるという形で表れてきます。また、疾患が重度化することによって、施設へ移行する、小規模多機能型居宅介護の利用などサービスの組み立てが根本から変化するなどは、デイサービスにとっていきなり来る変化です。

それだけでなく、ショートステイの利用後、家族介護者の思いに変化が起きたりした場合、もっとこのようにできるデイはないか、時間的にもう少し余裕のできるデイはないかなど、違うサービスや施設への誘惑などは限りなく、あなたのデイサービスがよほどの魅力がない限り引き留めることはできません。それらを、あなたのデイを抜きにして、居宅のケアマネと、いとも簡単に変更を決めてしまわれるのです。

ここにデイサービスという事業の怖さがあります。その上、居宅のケアマネは、様々な加算のこともあり、介護保険の改正のたびに、国の方向性やトレンドに敏感に反応しますから、あなたのデイが特別な魅力を感じさせてくれないならば、ケアマネにとっては、多くのデイサービス事業所の一つでしかありません。ある意味で、デイサービスは在宅型のサービスの中で、代表格のサービスですから、いろいろな新しいトレンドが反映されてきますし、これからの事業の在り方の試行的な加算などが課されてきます。それらにどう反応していくか、デイサービス経営者の慧眼が問われるものなのです。

前述しましたが、利用者の減少は、今日、明日に見えるものではなく、実感の乏しいものです。欠席や休止にも、ひとかどの理由付けがあり、いちいち納得できるものですが、ふと一年前ののべ利用者数などと比較したときに、利用者の減少に愕然とするものです。

「デイサービスは人につく」、利用者のこのような不気味な減少を食い止める原動力になるのは、実は職員の魅力なのです。これがデイサービスの原点と言っても過言ではありません。あの職員さんの顔が見たい、あの職員さんと話していたら、時間を忘れる、そのような評判の取れている職員が、あなたの施設には何人いるでしょうか。

少し、本論から外れました。しっかりと時代のトレンドと国の方向性を考慮した運営を心掛けるとしたら、まず必要なことは、医療との連携を見直すことです。診療情報提供書だけのお付き合いをやめる覚悟が大切です。個人の開業医とは、なかなか診療時間や医師の性格の問題など、やや難しい問題がありますから、病院との連携を意識してください。

病院は、できるだけ200床未満の中小規模の病院との連携を考えるとよいと思います。それなりに融通の利く規模ですし、地域医療連携室がしっかりと機能していますから、担当の相談員と緊密な関係ができるとよいでしょう。もし可能ならば、特養が必ず協力病院を持っているように、協力連携病院のような関係づくりができればと思います。特に、利用者が多く受診していて、リハビリ科やリハビリ室を持っており、地域の基幹病院となっているところが理想的です。

なぜこのような病院が必要かと言えば、今回の改正の「生活機能向上連携加算」で謳われているように、これからはデイサービスの中に医療で行われているような、積極的なリハビリの導入が必要だからです。医療の現場でも、介護と同様に要介護高齢者の在宅復帰とその定着が加算の対象となっているので、デイサービスに課されるリハビリとの共通点が多々存在しています。

また、病院では、理学療法士だけではなく、作業療法士も在籍して、独自のリハビリの提供を行っていますから、認知症予防の意味も込めて、作業療法士の具体的な実践から学び、導入を検討できることが多くあります。

そうなれば、機能訓練にもバリエーションが拡がり、利用者にとっても楽しいリハビリができるようになるでしょう。それだけではなく、連携関係を生かして病院のリハビリ現場に機能訓練指導員や看護職員が、お願いして実習に赴かせていただくこともできるかもしれません。このように、大胆に医療現場に連携を求めて動くこと、さらにこれらの取り組みを居宅のケアマネに報告して、情報を共有することも重要です。

このようなリハビリの取り組みが、デイサービス独自のサービスや風土と融合すれば、どこにもない頼りがいのあるデイサービスという評価が得られるのではないでしょうか。これこそ、介護予防を含む地域の「チームケア」をけん引する原動力になるでしょう。

8 これからのデイの施設長にはどんな能力が求められるのか

これまで述べてきたように、デイサービスは、意識を変えれば大きくそのサービス内容が変貌するのだということが、おわかりいただけたと思います。ともすればデイサービスの施設長と言えば、特養の施設長と違って、休んだ介護職員のフォローとか送迎要員のような影の薄い存在であるところが多いと聞きます。でなければ、生活相談員と連携して報酬請求の事務に当たっていて、特別重要な指導性を発揮していない施設長も多いと思います。待遇的にも、管理職と呼べないような給料で、中間管理職的な役割を担い、本部や本社からのメッセンジャー的な立場も多いのではないでしょうか。

だからこそ、私はデイサービスの施設長は重要な役職であると考えるのです。特に併設型のデイやサ高住の入居者対応のようなデイサービスでは、介護職員の一人に過ぎない施設長もいます。これらの施設では、独自性がまったくない、デイサービスのためのデイサービス、それこそ、「日中の居場所」に過ぎないデイサービスが横行しています。

今回の改正は、このようなデイサービスを駆逐して、独自性のある能動的なデイサービスを作り出す絶好のチャンスだと考えます。これからのデイサービスは、今まで以上に独自性を発揮して、生き残れるデイサービスにしていかなければなりません。しかし、まだ多くのデイサービスを運営している経営者は、このようなデイサービスをけん引する存在の重要性に気付いていないのです。現場を理解しないで、報酬の多寡だけを気にする経営者には、時代の変化は見えていません。デイサービスの収益性からは、施設長の待遇などは、主任クラスの待遇で十分と考えがちです。普通規模型以下なら、なおさらです。

しかし、世間ではデイサービスはどんどん潰れていますし、スクラップ・アンド・ビルドが活発に行われています。しかし、比較的容易に事業が開始できるデイサービスは、閉鎖するのも簡単に考えられています。しかし、高齢化社会の進展と在宅重視のトレンドの中で、デイサービスの役割は決して軽くはなりませんし、デイサービスが果たすべき要介護高齢者の在宅生活を支援する重要な使命は、ますますその重さが問われてきています。

デイサービスは、経験者によって無難に運営さえしてくれたらよいという甘い考えは、独立型デイではもはや通用しなくなるでしょう。併設型の大規模デイが、理学療法士や管理栄養士を容易に送り込んで、特養なみの栄養ケアマネジメントや老健なみのリハビリ提供をするデイサービスが、ガンガン出てきたときには、すでに太刀打ちできなくなるでしょう。利用者は、あっという間にそのようなデイサービスに奪われ、青息吐息になるのはうそではありません。

家族介護者や独居高齢者が、施設入居を考えるとき、一番先に何を考えるでしょうか？　それは、施設入居をした場合に年金で生活が送れるのかどうかということです。特養の多床室型でも医療費を含めて考えれば、10万円はかかりますし、費用の軽さゆえに待機者が多く、すぐに入れるわけではありません。ユニットケア型特養では、13万円から15万円、最近多い低費用型のサ高住（サービス付高齢者向け住宅）でも17万円から18万円、老健施設で20万円、安い介護付有料老人ホームでは20万円から25万円の固定的な費用がかかります。

年金収入の目安は、20万円弱ですから、生活に必要な費用や小遣い、入院になった時の医療費などを考慮したときに、貯蓄を取り崩しながら余生を送るというケースが非常に多いのです。ましてや費用の安い特養は、容易には入れないとなると、20万円程度の固定費のかかるサ高住や介護付有料老人ホームなどがその対象となります。また、認知症グループホームも月に20万円以上の費用がかかりますから、在宅で生活せざるを得ない認知症高齢者が存在しています。

このように考えてくると、家族介護者や独居高齢者は、できるだけ在宅での生活を継続したい、余生を住み馴れた自宅で送りたいと考えるのは自然なことです。

２０２５年問題が注目され、「団塊の世代」が後期高齢者になるときには、介護人材が38万人不足すると言われていますので、在宅生活の継続性を高める必要度はますます高くなるでしょう。そうなれば、日本の住宅事情を考えたときに、入浴や移動の問題で、デイサービスに依存せざるを得ない方が溢れるようになるかもしれません。

デイサービスの基本事業や内容は決して軽くなることはないのです。むしろ、その存在意義が重要となり、在宅生活を支える重要なサービスとなるでしょう。リハビリの強化や栄養管理の重要性が、今回の改正で打ち出されたことは、決して偶然ではないのです。施設移管をブロックするためのＡＤＬの維持と向上は、これからの在宅系サービスの使命と言っても過言ではありません。「日中の居場所」では、この使命が果たせないことは明白です。

このように見てくると、デイサービスの施設長は、創意工夫と先を見通す高度な思考力が要求されてきます。経営者のメッセンジャーではだめですし、現状維持しか頭にない施設長も不可です。これからのデイサービスを構築する意欲のある経営者には、優秀な人材を施設長に抜擢することをお勧めします。将来性のある待遇とサービスを構想する自由を与えて、任せることも考えてみていただきたいと思います。

まず、今回の改正介護保険の内容に対して、施設長がどのような反応をしているかを見てください。機能訓練をどのようにしようと考えているのでしょうか。管理栄養士の配置をどのように構想しているでしょうか。「うちのデイでは無理だな」というようにネガティブな施設長では、現状維持が精いっぱいでしょう。シュアに日々の事業運営をしている施設長には、無難なものを感じているでしょうが、それでは今回課せられた壁は乗り越えられないことを理解していただきたいです。

もし、あなたのデイの施設長が、対外的な交渉事を積極的にこなせ、居宅のケアマネとの関係性を良好に行っているならば、十分に賭けてみる価値があるでしょう。また、職員を束ねて、定期的にフラットな会議を主導して、施設とサービスの問題点を指摘しつつ、指導できている施設長も十分に可能性があります。また、普通規模型や小規模のデイでは、様々な不利な点が浮き彫りになってきたと思いますが、施設長には逆転の発想も必要になります。

デイサービスの機能と社会的役割をしっかり把握できているデイサービスは、小規模といえども十分に生き残っていけると考えています。

9 外部との連携によりこれからのデイサービスの内容には広がりが生まれる

ここまで述べてきたことを見てみると、これからのデイサービスは従来の定型的なサービス内容から大きく変貌を遂げる可能性が大だということが言えると思います。デイサービスの関わりは、家庭から、医療機関から、老健施設など他の様々な分野へと広がりを見せるでしょう。デイサービスの施設内で行ってきたこれまでのサービスでは、収まりきらない広いカテゴリーが準備され始めている、それが今回の改正介護保険ではないでしょうか。

デイサービスの施設長をはじめ職員は、デイの現場を離れて、在宅での利用者の生活を強く意識する必要が出てきています。

在宅での生活が円滑に送れるようなサービス提供ができているのか、新たな検証の方法が必要です。

そのためには、利用者の変化に対する感性を磨くことが重要となります。人間が生活をしている限り、我々でも昨日と今日は異なりますし、ましてや要介護高齢者は、体調の変化が日常動作に出てくるものです。

昨日できていたことが今日はできないとか、記憶力が今日は今一つなど、ご本人が自身の変化に気が付いていることも多いものです。

その変化を、デイサービスの介護職員は敏感に理解する能力が要求されます。デイサービスは、特養と違って、継続してケアを行ってはいないので、在宅の時間や来所されていないときのブランクがどうしてもできてしまいます。それだけに、前回と今回の変化には、敏感に反応して、その変化がなんであるのかということを理解することが重要なのです。

夏場などでは、高齢者は温度の変化に対して鈍くなっていることが多いですから、エアコンをかけずに過ごしていたり、水分摂取が十分にできなかったなどの課題を抱えて、デイサービスにやってこられます。特に、何らかの疾患を抱えている高齢者では、この水分摂取の不足は、体液中の電解質のバランスを悪くさせてしまい、ひどいときは意識の混濁や妄想、せん妄などを引き起こしたりします。

利用者の反応を見ながら、前回ほどの良好な反応がないときには、水分摂取を勧めるなどの対応が必要になります。バイタルには表れない体内の変化に対する感性を磨き、看護職員と協同しながら、気を配らなければなりません。

このことは、利用者が在宅でどのような環境で、どのような過ごし方をする人なのかを把握していることがいかに重要かということを示しています。エアコン嫌いであるとか、寒がりでたくさん着込む方であるとか、一人ひとりケアの課題は違います。歩行一つとっても、今日は足の出方が悪いなと気づくことがあると思います。そのことを、デイサービスの時間の中でのみ気を配るのではなく、なぜ今日は足の出方が悪いのか、その原因を家庭の中に求めて見るような意識の組み立てが重要なのです。

これが、デイサービスから家庭へという意識の広がりです。そうすれば、連絡帳や送迎時に家族に注意事項などをきちんと申し遅れますし、独居の高齢者の場合は、居宅のケアマネさんに連絡を取り、訪問介護のヘルパーさんに申し送ってもらうなどの活動ができます。このようなデイサービス独自の観察力や対応は、ケアマネの信頼を得ることにつながります。

また、機能訓練も本人ニーズの機能訓練から、先に述べたように医療機関との連携を重視して、積極的に利用者が通っている病院のリハビリ室の療法士らと連絡を取り、情報交換を行いながら、継続的なリハビリを意識して行うことです。個別機能訓練計画書の内容が、医療機関でのリハビリの事績と成果を踏まえた、より積極的な内容にできれば、機能訓練の成果が目に見える形で現われてきます。

デイサービスは、ある意味で医療機関とは違い、生活施設の性格を持っています。同じリハビリを取っても、医療機関では機能の向上を図ることそのものが目的化しています。

それに対して、デイサービスは生活の中の様々な断面に関わるものだと言えるのです。例えば、自宅の玄関の石段を上り下りできるようになりたい、配偶者の墓参りに行けるようになりたい、トイレに自由に行けるようになりたいなど、日常生活の要求に密接に結びついてきます。

ですから、機能訓練もマシンや器具を用いた味気ないトレーニングだけではなく、実際にトイレに自分の力で行っていただく、静養室のベッドに上がる、下りるなど、実際の生活に密着したいろいろな動作の訓練が可能です。

そして、できるという喜びを職員とともに共有できる独自の性格を持っているのだということを意識していただきたいと思います。

利用者は、自身の通う施設がどのようなものかを理解しておられるものです。病院は病院という治療と投薬の場所、整骨院は痛いけど足が動くように頑張るところ、そして、デイサービスは日常の生活の延長であり、入浴して食事して、楽しく過ごす場所というようなきちんとした理解のもとで通ってこられているのです。

その意味では、今回の改正で、デイサービスの内容は大きく変わるように見えますが、利用者にとってデイサービスの利用目的には大きな変化はないと考えて間違いないと思います。また、デイサービスの家庭的な居心地や楽しめるレクリエーション、脳トレなどの自分でできるアクティビティなどは、その価値は少しも変わりません。

デイサービスが目指す外部機関との連携は、味気ないリハビリ施設化することや診察室のような尋問に合う場所に施設を変えることではありません。めざすべき連携というのは、施設の外で何かをするイメージではなく、利用者が経験している医療機関での成果や社会的なつながりを大切にして、デイサービスの中に持ち込み、自然な形で継続していることが理想ではないでしょうか。

何度も述べてきました地域における「チームケア」というものは、それぞれの機関や個人が、それぞれの専門性や特徴を生かして、相互に成果を共有し合い、ますます施設の独自性と内容の充実が図れるものだということです。

いわば、日々変化する利用者の状況に敏感に対応して、その日、その場所で最も適切なサービスを提供することによって、利用者の在宅生活が少しでも充実することに役に立つべきであると考えます。

このように考えてくると、これからのデイサービスは、外部の諸機関との連携によりサービスの内容に広がりが生まれてきますが、これまで以上に今提供しているサービス内容を、ひたすら充実させることに他なりません。

第5章

生き残れるデイサービスに必要なものとは何か

1 今後、デイサービスではリスクが多様化してくる

これからのデイサービスは、様々な機関や個人との関わりなどから、ある意味で内容が複雑化し、多様化してきます。それに伴って、これまで問題とはならなかったいろいろなリスクも生じてきます。従来のデイサービスのリスクと言えば、送迎の際の交通事故をはじめ、施設内での転倒事故、食事の際の誤嚥、服薬ミス、入浴時の種々のトラブルというようなものでした。

しかし、機能訓練が活発化し、介護職員も関わる機能訓練では、これまで以上に事故のリスクが起きてきます。トレーニングマシンの操作ミスによる人身事故、過剰な訓練による骨折や異常、歩行訓練時の転倒や身体的負荷の増加など、どちらかというと静的な動作の多かったデイサービスが〝活動的〟になればなるほど、利用者の身体的リスクも増加してきます。

このようなリスクには、施設総合保険などの充実が求められます。併設型のデイサービスでは、特養や老健施設で施設総合保険に加入していると思いますが、契約内容と保険でカバーできる内容の再確認をお願いしたいと思います。通常は、送迎時の事故やトラブル、施設内での利用者の転倒などの事故、器物の損壊などがカバーされ、また関わる職員を保護する内容も含まれているのが普通です。問題は、カバーできる条件と金額です。転倒事故などは、利用者の自己責任の面もありますが、リハビリ中に過剰な負担をかけて骨折させたような場合で、施設

に100%責任が問われたときに、十分なカバーができるようになっているでしょうか。医療費のみのカバーでは十分とは言えません。損害賠償の金額も十分でしょうか。一度確認してみられることをお勧めします。

また、職員自身の事故や職員が受ける被害へのカバーもチェックが必要だと思います。最近では、労働者の保護規定が、労働基準監督署などから頻回に改正の通知が届き、労働者保護の制度が充実してきています。利用者との関わり方の密度が増してくると、利用者や家族からの暴言や無体な要求を突き付けられ、職員がメンタル的な疾病に陥ることも増加しています。病院などでは、いわゆる「モンスターペイシェント」によって看護師が言われなき暴言や暴力に合い、社会問題化していますが、これからの介護施設でも同様の被害が予想されます。

職員のケアが不十分でけがをさせられた、職員の言葉で傷ついたなどのクレームを入れてくるケースが増加しています。時には、何らかの下心と悪意を持って「親族」と称する人物が難癖をつけてきて、金銭目的のようなクレームを持ち込むケースも聞きます。

現場での対処は、施設長が毅然と対応し、興奮することなく、相手の主張に耳を傾けた上で、安易な約束をしないことです。必ず、上司に報告して、しかるべき返事をするという形でまとめることです。それでも、しつこく恫喝するような言辞を弄したり、居座るような態度に出てきたときには、躊躇なく警察を呼んでください。毅然とした態度こそ重要です。また、施設長が単独で対応することのないように気を付けてください。ＩＣレコーダーを活用する、同席させた職員に記録させるなど、必ず複数名での対応と証拠を残すようにするべきです。

利用者との関わりの深化は、職員のメンタル面でのケアも課題にしてくるでしょう。デイサービス施設は、従業員数が50名を上回ることはほとんどありませんから、２０１５年12月から義務着づけられた「ストレスチェック制度」の対象にはなりません。

「ストレスチェック制度」は、授業員が50人以上の職場に義務付ける制度で、産業医による職員の希望面談や指導、ストレス強度の判定などを行うものです。制度の適用を受けないからといって、職員のストレスが軽いというわけではありません。特に、認知症の利用者のケアが濃厚なデイサービスでは、介護職員のストレスはかなり強いものがあると思います。強いストレスから、抑うつ状態などのメンタルの不調を訴えるケースも出てきます。

このようなメンタルヘルスケアも、新たなリスクとして備えることも重要です。ここでは、最初に施設長の監督職としての責任が問われます。職員もネットの普及などで、メンタルヘルスケアの知識と権利意識を持っていますから、対応を誤るとこじれることがあり得ます。施設長は、安全衛生管理の面で責任を問われます。職員は、安全な職場環境の下で働く権利があるからです。

できるだけ、施設長は職員の出勤してくる表情や顔色などにも注意を払い、積極的な声かけを行ってください。メンタルヘルスケアのセミナーなどでは、職員への声かけは、「睡眠はちゃんと取れているか」、「食事はちゃんと摂れているか」、「休日は楽しく過ごせているか」の3つが重要であると教えています。

万一、しんどそうな職員がいれば、休みを取るように勧め、医療機関への受診を勧めるようにすることが肝要です。最近では、うつ病などの発症に追い込まれたのは、職場環境のせいだということで、労災の申請や、こじれた場合の訴訟なども増加しています。

このように、職員のメンタル面のリスクは十分に注意する必要があります。できれば、施設長は、メンタルヘルスケアのセミナーなどに参加して、直近の知識を十分に吸収しておくことです。私の経験でも、このメンタルヘルスケアの内容は、日々進化するというような変化を遂げてきていますから、注意深く検討しておくことが重要でしょう。

また、いわゆるハラスメントの問題も、メディアでいろいろな立場のいろいろなケースが取り上げられて、社会的にも注目されていますので、リスクの一つとして気を付けなければならないものです。就業規則や規程で、ハラスメント対応はきちんと整備されているでしょうか。

デイサービスで、考え得るハラスメントは、やはり利用者からのセクシャルハラスメントとパワーハラスメントでしょうか。もちろん、デイサービスの職員間のハラスメント防止についても、就業規則や面談等で常日頃から教育しておく必要があります。

この利用者によるハラスメントは、大変難しい問題をはらんでいます。デイサービスは、どこでも女性の職員が多いですから、男性の利用者からのハラスメントの可能性は大いにあり得ます。高齢者の場合、認知症の問題が絡んで、認知症の周辺症状として、暴言を吐く、大声を出すということは十分考えられます。また、入浴などの介助中に、性欲をコントロールできず、女性職員に触れる、卑猥な言辞を弄するなどのことが考えられます。

事情が複雑なケースが多いと思われますので、併設型ならば法人や母体の施設の顧問弁護士に相談する、独立型などは気軽に相談できる弁護士を見つけておくことも必要でしょう。

2 介護現場の事故防止にはしっかりしたマニュアルの整備が必要

前項では従来ではあまり考えられなかった施設でのリスクについて話をしました。最近では、比較的すぐに法的な問題に発展することが多いので、事案が発生したときの初期対応が重要だと思います。初期の対応を誤ると、問題をこじらせ、被害者が加害者にされたり、さらなるハラスメントを導いたりとろくな結果になりません。しっかりとした事実確認と冷静な対応が何よりも重要になります。利用者を訴えるなどは大変困難なケースとなりますから、初期の段階で解決できるよう心がけなければなりません。

また、傷ついた職員のメンタルヘルスケアも十分な対応が必要です。介護施設では、メンタルの不調を訴える職員のために、職場に知られることなく外部の医療機関やカウンセリング施設にかかれるように、特別な契約をしているところも増えています。必要に応じて、臨機応変に職員に休みを付与するなど、速やかな対応を心がけてください。

リハビリの強化など、デイのサービス提供は多様化が予想されます。利用者が静かに過ごす時間が減り、能動的なデイサービスであればあるほど、利用者の介護事故の可能性が高くなるのは必然と言えます。案外、リハビリ実施時の事故は多いものです。専門の職員が対応していても、予想外の事態が生じることもあります。例えば、骨粗しょう症をもっている利用者へのリハビリを行っていて、通常の負荷で骨折を引き起こしたケースも聞きます。利用者情報から、現疾患として「骨粗しょう症」を持っていることを見逃していた、医療機関からの診療情報提供書に記載がなかったなど、事故を招くリスクは増加しています。

このような事故への対処において大切なことは、しっかりした「事故対応マニュアル」を整備しておくことです。事故で重要なことは、ハラスメントなどと同様に、初期対応にあります。その初期対応で、さらに重要なことは迅速な事実確認です。可能な限り推測に属するような判断は避けるべきです。その上で、利用者にとって最良の選択を行うことです。

例えば、利用者が転倒したときなど、職員が目視で確認していなかった場合、利用者の訴えをしっかり聴くことはもちろん最重要ですが、どうすることが最適でしょうか。その答えは、間髪を入れず病院受診を行うことです。また、絶対にしてはいけないことは、患部を冷やすなどして、とにかく様子を見るということです。様子を見るというのは、考え得る適切な処置ができて、回復、改善が見込まれる場合に行うことです。起こった事態の判断ができていないときに、様子を見るという行為は、ひたすら悪化を招くだけだからです。

過去に、デイサービスではありませんが、ショートステイのある施設で、食事時間に女性利用者が転倒するという事故が起きました。食事の席を起って、テーブルの向こう側にある洗面台に向かって歩き出しましたが、洗面台のところで突然つまずき、転倒したのです。転倒が一瞬のスキをついて起こったものですから、職員は誰も目撃していませんでした。転倒後、女性は職員に介助されて起き上がり、椅子に座ってから、職員からどこを打ったか聞かれ、こけた際に頭と腰を打ったとのことでした。現場の対応は、打撲個所の腫れがないことなどから、患部を氷で冷やし、様子を見ることにしました。しかし、その夜女性の容体は急変し、救急搬送されましたが死亡されるに至ったのです。死因は、打撲による脳内出血でした。対応した病院の医師は、鈍器のようなもので激しく頭を打っていたようであり、なぜすぐに搬送しなかったのかと、怒りを込めて話されたということです。現場を検証した結果、女性は厚い陶器の洗面台の角で、激しく頭部を打撲していたことがわかりました。

このことは我々に何を教えているのでしょうか。ここでわかることは、確認のないまま根拠なく様子を見るという判断の怖さと、事故対応マニュアルの不在です。頭部を打撲したら、通常の事故対応マニュアルでは、間髪入れず病院受診をすることになっているものです。頭部打撲は、内部でじわじわ出血が起こり、時間がたってから急変があり得るものです。基本と呼べる知識が、突発した事故の中で、忘れられていたということです。

事故対応マニュアルに止まらず、重要なマニュアルは、整備できたら良いというものではありません。繰り返し職員間で読み合いをし、時には重要事項は、書いて張り出すということも必要です。救急要請マニュアルでは、電話の横に、応答の仕方を書き出して貼っている介護現場もあるのではないでしょうか。緊急時には、いちいちマニュアルを出してきて読むことなどできません。マニュアルは暗記するものではなく、職員のすべてが「身体で覚えておく」ものなのです。「身体で覚える」という意味は、重要性を本質的な意味から十分に理解することです。暗記ではなく、理解によって身に着けること、これが実はマニュアル整備の根本的な意義です。

介護事故というのは、常に不意を突いて起こり得るものなのです。しかし、人間が行う事柄で間違いや誤まりというものは、１００％は避けることはできません。ヒューマンエラーは不可避であるということから事故対応は始まっています。事故対応で重要なことは、事故の原因究明による要因の排除、事故の再発防止であり、さらに重要なことは事故への迅速で的確な対応です。それによって、被害者の被害を最小限に食い止めることにあります。

もし、事故対応マニュアルの整備が遅れている、更新ができていないなどがかっていれば、早急に整備を進めてください。事故の起こっていないときに、事故対応マニュアルを整備するというのは、切迫性がなく、つい後回しになりがちですが、だからこそ意識してきちんとした整備を行う必要があります。マニュアル整備は、ある意味でコンプライアンスに匹敵する重要性がありますので、特に施設長は自身の義務として厳しく対応していただきたいと思います。

事故対応のポイントは、整理すると次のようになります。

①まず迅速な初期対応の決定
②次にその検証
③そして事実の確認による推測の排除
④事故原因の究明と対策の設定
⑤職員全員への周知

これらのことをしっかりと、マニュアルに落とし込んで、整備を急いでください。マニュアルの意義は、整備することにあるのではなく、その活用にあります。職員が身に着けてこそマニュアルの意味があります。また、ある意味でマニュアルは破るためにあります。マニュアルにある事態とは異なる対応が要求されるケースは五万とあります。そのようなときには、逆にマニュアルを破る勇気が必要となるのです。

3 多様化する現場対応に欠かせないのがコミュニケーション能力だ

デイサービスは、多様化の中にあります。これまで、付加的なサービスのように行ってきた機能訓練は、主要なサービスになりました。もはや、機能訓練指導員一人の職務ではなく、また、利用者と一緒に歩行訓練さえ行っていればよいという環境でもなくなりつつあります。

介護職員も、リハビリにもっと関わる必要性が出てきました。しかし、デイサービスは厳然としてリハビリ専用施設ではありません。これまでのような、利用者に居心地の良い時間と空間を提供しなければなりません。さらには、利用者との会話も、天気の話や季節の話題だけではすまなくなりました。利用者が自宅でどのような過ごし方をしているのか、どのような食事をしているのかを聞き出すことも要求されるようになりました。

このようになれば、間違いなく介護職員は戸惑います。利用者とのコミュニケーションにぎこちなさも生じるでしょう。また、業務内容にも変化が生じてくるのは目に見えています。では、困惑する介護職員に対してどういう対応を取ればよいのでしょうか。

この難問を解くカギが、実はコミュニケーション能力にあります。これまでのデイサービスのコミュニケーションとは、これからはいささか異なってくると思います。しかし、このように変貌するデイサービスの業務内容においても、重要性を失わない技術があります。それは、「傾聴の技術」です。およそ、すべての介護の現場で、利用者とのコミュニケーションを図る場合には、この「傾聴の技術」が役に立つのです。それは、傾聴によって利用者の真のニーズに迫り、利用者のストレスを回避して快適なコミュニケーションに導くからです。

特養の介護現場で、忙しく立ち回る職員に利用者が声をかけたとき、しばしば「ちょっとまってください」という返事を耳にします。最近では、このような行為はネグレクトとして、虐待の一つと考えるようにもなってきました。なぜかというと、それは一方的なコミュニケーションの断絶だからです。拙著『介護の仕事は「聴く技術」が9割』の中で、「傾聴の技術」は一方的に利用者からの話を聴くということではなく、双方向のやり取りであると表現しました。

双方向のやり取りは、対等な関係性の中で真のニーズに迫る重要な方法であるからです。この「傾聴の技術」が、複雑化し、多様化するデイサービスの中でも生きてくる技術であると思います。傾聴には、絶対に「ちょっと待って」はあり得ません。きちんと話を聴きとり、必要な相槌と同意は、利用者に安心感と落ち着きを与え、よりスムーズなケアが可能となるのです。

コミュニケーション能力とは、臨機応変の才です。しかし、その基礎には傾聴しようとする姿勢が必要です。ましてや、要介護の利用者に対応する職業ですから、認知症しかりで、十分な表現能力や判断能力が低下している要介護高齢者に対して、傾聴によって十分なフォローと双方向のやり取りを成立させることは、介護技術にとって必須のワザだと思います。

「暖かくなりましたね」という会話から、「暖かくなってきましたね、膝の動きは良くなりましたか?」という会話になるだけで、リハビリの状況を尋ねる会話に変わります。このような応変の才が、これからの介護には必要なのです。「傾聴の技術」は、一言で言って、利用者に対する能動的なニーズに迫る積極的な働きかけに他なりません。そこでは、利用者の思いを引き出すだけでなく、的確な相槌と同意を与えることで、双方向のやり取りが成立し、利用者が納得して介護者の提案に従ってきてくれるのです。

デイサービスにおけるサービス内容が変化しても、利用者に対するこの姿勢が変わらなければ、どのような局面に対しても対応ができると思います。そのためには、介護職員自体が、もっとしたたかに、一人ひとりの利用者に対する戦略を持つべきです。

しばしば、入浴を嫌がる利用者に対して、浴室へ誘導する際に「散歩に行きましょう」や「○○さんが待っているから、△△へ行きましょう」などとうそを言って、誘導することはないでしょうか。子どもだましのようなこのような手法は決して勧められません。利用者の権利と尊厳を守る行為に虚偽はあってはならないのです。うそをつかれた、だまされたという実感は、認知症の利用者でもしっかりと胸に刻まれ、職員に対する不信感しかもたらしません。

入浴が嫌であれば、嫌だという思いを受け入れなければ何も解決しません。前回も入浴拒否していたから、保清のためにも絶対に入浴させなければ、という思いは理解できますが、これは職員側、施設側の勝手な思い込みに過ぎません。

施設のルールや都合を一方的に押し付ける行為は、一つ間違えば、虐待にすらなります。入浴が嫌なら、なぜ嫌なのかを真剣に検討し、本人の深い思いに迫らなければ、何も解決しないのです。浴室で不快な思いや不安な思いをさせていなかったか、しっかりと傾聴の技術を駆使して、思いに寄り添うことができれば、入浴拒否の原因が見えてきます。

「傾聴」は、一見まだるっこしく見えるかもしれませんが、利用者のニーズと思いに寄り添うことができたら、利用者からの信頼感が生まれ、スムーズなケアに導く近道であることを理解していただきたいと思います。

デイサービスは、特養と違って24時間という時間を使うことができません。限られた7時間、8時間の中で、必要なサービスとケアを実施しなければなりません。時間的な制約が、多くのデイサービスに、時間軸で動く性格をもたらしています。

時間によって、利用者を追い立てるようなケアになっていないでしょうか。

本人の意思がきちんと尊重されるケアになっていないでしょうか。

要介護高齢者の特徴は、短期記憶力や判断力の低下、理解力の低下などが、多かれ少なかれ存在している一方で、好かれている、嫌われている、受け入れられているなどの感情的な機能はしっかりと維持されています。理解が十分に伴わない判断には、どうしても感情的な要素が混じり、コミュニケーションの障碍を生むことがあります。

このような特徴を踏まえて、介護職員は基本として「受容」の姿勢を貫くべきです。受け入れられているという安心感は、情緒的な判断を緩和し、「受容は受容を生む」ものなのです。

デイサービスのような短時間で、時間的なインターバルの期待しにくいケアにおいては、徹底した受容の姿勢が問題の解決を早めると思います。

コミュニケーションの基礎に、「傾聴」と「受容」を置くことで、介護職員のしたたかなケアの戦略が可能になるのです。冷静で沈着な目標設定と行動で、コミュニケーション能力を生かし、いかなる新たな課題にも果敢に挑戦してみる介護の心意気が重要なのです。

4 これからのデイを支えるのは外向型の生活相談員である

多様化するデイサービスの流れの中で、一番大きな影響を受けるのが生活相談員だと思います。多くの生活相談員は、介護に従事しながら、日々の利用者の記録を作成し、バイタルや機能訓練の実施記録に目を通しながら、連絡帳に家族へのメッセージを記入するなど、多様な業務をこなします。また、月末月初は、居宅のケアマネ宛てに、利用実績の報告を行い、翌月の提供票を受け取って、各利用者の利用予定を作成しています。そして、介護報酬の請求事務も欠くことができません。さらには、レクリエーションの企画や外出行事の企画などを立案し、具体化する作業も待っていることが多いです。

文字通り、生活相談員はデイサービスの要とも言える役割を負っているのです。そこへ、これまで述べてきたような地域に開かれた施設への転換や、地域の様々な機関や個人との関係づくりも必要になってきました。もはや、これまでの勤務時間や形態では処理できなくなるかもしれない不安がよぎります。

ここへきて、デイサービスの業務分担は大きく見直す必要が出てきました。利用者の実施記録や連絡帳への記入は、介護職員が担当を決めて、分担することはさして難しいことではないと思います。直接介護に従事する職員の記録は、職員独自の気づきを含めて有益なものとなります。

請求事務は、施設長との協同作業に転換すべきです。請求事務の内容は、返戻を防止するためにも、ダブルチェックが必要ですから、利用実績のチェックと合わせて、協同作業とするべきでしょう。

もうすでに、このような役割分担制を取っているデイも数多くあると思いますが、これからのデイサービスでは、生活相談員が、常時席に座っているようでは進展するサービスの変化には対応できなくなるからです。外向型の生活相談員の姿が、理想的なように考えています。できれば、医療機関との折衝業務は、施設長との二人三脚型で行っていくのが良いでしょう。

施設長は施設を代表して、運営理念など基本事項の説明、生活相談員は具体的な受け入れと対応の様態を説明で、すっきりと役割が決まるのではないでしょうか。また、リハビリの現場に入り、理学療法士のリーダークラスとの話し合いには、機能訓練指導員を伴い、リハビリを引き継ぐ観点から積極的に参画させるべきです。

また、生活相談員の役割として欠かせないものは、居宅のケアマネとの連携の強化です。訪問も良いですが、相手も多忙、電話でのコミュニケーションでも十分かと思います。居宅のケアマネは、自身が提供したケアプランの実施状況や効果が一番気になるところですから、事務的な電話連絡の際にも、一言でも気になる利用者の近況や課題について報告するのが理想的です。結果として、ケアマネから、一度近いうちに利用者の状況を見学に行きますと言わせればしめたものです。

今後、今回の改正で示された新しい加算の中でも、「栄養スクリーニング加算」のような、ケアマネに文書で情報提供をして共有するような形態が増えるかもしれません。また、直接ケアマネの関与はないですが、「生活機能向上連携加算」のように、医療機関からの専門職の派遣を得て、本格的な医療的なリハビリの導入ともなれば、サービス内容と成果、サービス担当者会議での検討など、ケアマネにとって重大な関心事となりますから、現場からの報告は重要な意味を持ってきます。

地域の医療機関との連携、居宅のケアマネとの連携と外部との濃厚な接触や情報交換の必要性となれば、生活相談員は過剰なくらいの情報を持ち、頻繁に外出をしなくてはならなくなるのではないかと思われるでしょうが、決してそうはならないと思います。

デイサービスの利用者の多くは、要支援であったり、要介護1、2程度であったりですので、きちんとした医療との連携によるリハビリの必要性のある利用者は要介護3以上の課題のある利用者に限られてきます。例えば、肺炎などで入院をして、1か月経過して退院となったときには、このような利用者は要介護3以上のADLに落ちていることが多いものです。そうすると、下肢筋力の強化と向上、膝関節の強化など早期のリハビリによるADLの回復が重要課題となってくるために、病院のリハビリ室から引き継いでくるデイサービスの機能訓練は重要な意味を持つのです。

このようなケースは少なく、またデイサービスにとっても、退院後ADLが低下したまま、利用停止になるケースを防止することにもつながります。深刻な課題を持つ利用者は、結局少数にとどまりますから、連携の重要性は、サービス担当者会議でのデイサービスのケア方針や対応能力に表れてくるのです。多くの利用者は、これまで通りのサービス提供を継続するイメージでとらえていただいてよいと思います。

外向型生活相談員が、重要なポイントになるのは、地域に開かれた施設づくりの問題についてです。とりわけ、今後も独居高齢者が増加していくトレンドを踏まえ、地域における「チームケア」の重要性が増す中で、多くの地域の要介護高齢者が集まるデイサービス施設の重要性はますます高まるでしょう。デイサービスは、要支援の「介護予防デイ」の利用者にとっても、地域の中で、健康を維持し、ADLを維持、向上させる重要な拠点です。

地域に開かれた施設という意味は、地域の中の防災拠点の一つであり、地域で課題のある人々、それは何も高齢者に限らず、生活困窮者も含めて、生きづらさを感じている人々が気軽に寄って相談できる場所でもあるべきです。地域の「チームケア」は、どのチャンネルをとらえても、必ず適切なサービスや関係機関につながり、福祉の恩恵に浴せることでなければなりません。

これからのデイサービスは、オフの日には、認知症カフェを自主的に開く、また地域のボランティアが認知症カフェの場所を求めているなどのときに、積極的に場所と人員の提供を行うなどの対応が必要になります。さらに、地域住民との交流として、内庭などで植物や野菜を育てるなど、利用者と住民の積極的な交流は、認知症への積極的な理解につながったり、認知症の方々への地域での見守りを生んだりという、前向きな対応が生まれる可能性があります。

生活相談員は、地域との交流をけん引するデイサービスの「外交官」でもあるのです。外向型の生活相談に自身を変えてみることも、考える価値があるように思います。

5 機能訓練特化型のデイとの競合に勝ち抜く秘訣とは

これだけ、リハビリの強化や生活機能の向上という国の方針が積極性を帯びてくると、機能訓練特化型のデイがさらに盛況になるのではという思いが出てきても不思議ではありません。それほど、この機能訓練特化型のデイサービスは盛況に見えます。とりわけ、都市部では、軽自動車などでこまめな送迎を繰り返し、入れ替わり立ち替わりの感があります。

機能訓練特化型デイは、サービス提供時間が、今回の改正で3時間から4時間に集中したと思われますが、介護報酬で380単位から362単位（要介護度1）へ約5％の減額になっています。減額幅では、大規模型7時間から8時間の選択をした場合と比べて、ほぼ同様の減額幅となっています。食事提供はなく、リハビリと入浴を組み合わせた機能訓練特化型は、目的を鮮明にして、少ない報酬で大人数の利用者をこなす式ですが、送迎要員を多数確保すること、機能訓練指導員に理学療法士など専門職を多く配置すべきこと、利用者の要介護度が低いことなど、コストと収入のバランスが悪く、入院による休止やADLの低下による不適応などで、利用者が減少すると経営的には深刻な問題が出てくると思われます。

また、今回の改正では、栄養ケアマネジメントの重要性に重きが置かれるようになり、リハビリだけが突出して重要という位置づけではありません。さらに、リハビリ重視は、特化型デイの「専売特許」というわけではなくなり、一般のデイサービスの機能訓練でも、医療との連携を強化したデイサービスでは、十分な競争力が得られると思います。

それに、最近では健康寿命が注目を集めて、70年という平均的な数字が出されてきました。世間では、元気な高齢者が増えたというようなことが、しばしば言われるようにもなっています。しかし、70年を超えた健康寿命を手にした高齢者は、それでも間違いなくADLが低下してきます。また、2025年問題が語られる中では、認知症の高齢者が、2012年に462万人に対して2025年には約700万人に達するとも言われています。20％を超える高齢者が認知症になるのです。

機能強化によるADLの向上は、今回の改正では新たな加算など、今後の大きな国としての目標であるかのように思いますが、加齢という実態は、先の認知症高齢者数に鮮明に表れてきていると思います。

機能訓練特化型デイとの競合に出合っているデイサービスでは、どのような対処が必要でしょうか。それは、これまでの自身のデイサービスの特徴と良さを失わず、繰り返し述べてきたように「機能の向上」を図り、ADLの維持、向上を地域の医療機関との連携の中で機能訓練態勢を強化できれば、特化型デイを少しも恐れるに足らないということです。要支援や要介護度の軽度の高齢者が、高いADLを維持できる期間は、それほど長くはありません。

ですから、「生活機能向上連携加算」のような、機能向上の目標が掲げられているのです。2025年問題を前にして、施設入所や入居のニーズが高まり、施設移管が積極的に進められるようになれば、国の介護保険財政は持ちません。財政的な危機感から、在宅重視の政策は出ているといっても過言ではないのです。そのことを踏まえても、今回の改正をもって、要介護高齢者の在宅生活が順調に維持できるかと言えば、必ずしも見通しの明るい状況ではないと考えます。施設整備が順調ではない状況ですし、施設入居者が増加すればするほど介護保険財政はひっ迫の度合いを強めていきます。それに介護人材が２０２５年に38万人不足するという事態は、既存の施設ですら、その機能を全うし得ない可能性が高いということです。

そのような情勢を背景として見るならば、これからのデイサービスはますますその役割の重さを増していくでしょう。デイサービスは、過当競争気味だとも言われています。都市部では、そのような状況を反映して、特徴のない半端な規模のデイサービスは、どんどん潰れています。サ高住の「ひも付き」のような主体性のないデイサービスも、サ高住の劣悪なサービスと過当競争のゆえに、運営に赤信号がともっています。

だからといって、デイサービスという事業が可能性を失ったということにはなりません。要介護高齢者は、要介護度が高くなったからといって、すべての人々が施設入居を望むわけでもありませんし、施設入居をするわけではないのです。

基本は、住み慣れた自宅で、余生をまっとうしたいというのが本音でしょう。認知症高齢者が、グループホームや特養に入って、「家に帰りたい」というのは、必ずしも脳の障害による見当識障害のようなものだけではなく、長年実直に繰り返してきた生活者としての本音であるのかもしれません。

これまで見てきたように、機能訓練特化型デイは、決して恐れるに足りません。むしろ、自身のデイサービスの内容を見直す機会ととらえ、デイサービスの本質的な特徴とその良さを認識してほしいと思います。要介護高齢者の「日中の居場所」に過ぎないデイサービスは、潰れると言いました。居場所は五万とあるからです。高齢者は、病院ですら、その待合室を自身の居場所にしてしまいます。朝早く、診察開始の1時間以上も前から、病院やクリニックの入り口で列を作る高齢者の姿をよく目にします。どう見ても、そのあと職場に急ぐべき人々には見えませんから、待合室はきっと居場所の一つなのだと思います。

であるならば、デイサービスは質の高い、居心地の良い「居場所」でなければなりません。デイサービスは、暇つぶしではないのですから、もっと能動的なデイサービスを目指すべきです。その利用者の暮らしぶりを豊かにするようなデイサービス、これだから行きたくなるデイサービスであるべきです。

その大きな「売り」となるべきものが職員なのです。「傾聴」のできる職員が、笑顔で必要なケアをてきぱきしてくれ、たくさん話ができて、美味しい食事に舌鼓を打てるデイが流行らないわけはありません。

私は、都市部のデイがひしめくような地域にあって、立地条件がそれほど良いわけでもないのに、多くの利用者で活気のあるデイサービス施設をいくつも見てきました。それらのデイサービスは、すべて職員の笑顔が素晴らしいものでした。

変な馴れ馴れしさのない、爽やかで、言葉遣いの優れたメリハリのあるデイは、きびきびと動く職員が利用者に寄り添いながら、機能訓練や入浴介助にいそしんでいます。感染症の予防とかで、入浴介助までマスクを外さないような職員のいる、表情のないデイは潰れます。

6 デイサービスの強化には地域の医療機関との連携重視が欠かせない

機能特化型デイは、恐れるに足らずということをお話ししました。事実、自身の機能訓練の充実を図り、在宅生活を維持するのに有用な機能訓練が提供できれば、本当に恐れるに足らないでしょう。せわしない機能訓練ではなく、ゆったりとデイサービスの時間を利用して、丁寧な機能訓練を実施するべきです。

デイサービスの事業を強化する課題は、これまで見てきたように、機能訓練自体の強化を抜きにしては語れないということは、おわかりいただけたと思います。機能訓練が、デイサービスの主要なサービスになりましたから、機能訓練を軸にして、1日のデイのサービス提供を見直すことをお勧めします。特に、個別機能訓練加算Ⅱを取っているデイでは、5名ほどの対象利用者を集めて、生活リハビリを集団で実施しなければなりませんから、きちんと時間と場所を確保する必要があります。利用者を分けたサービス提供になりますから、介護職員の協力も大切です。

これまで、実態がそれほど明確でなかった機能訓練の内容も、これからはメリハリをつけた、きちんとした運営にしなければなりません。

デイサービス事業の強化は、一つひとつのサービス提供に目的と意味を鮮明に持たせて、計画的な運営に導くことです。今日は何をやろうか的な、あいまいな運営方針では、もはや通用せず明確な目的を持った計画が、これからのデイには必要です。デイサービスの良さは、ある意味でそのサービスの多様性にあります。手作業あり、風船バレーあり、遠足など外出行事あり、外食ありと、高齢者の生活に健全な刺激をもたらし、生活のバリエーションを広げるのに役に立っています。

機能訓練も義務的なものから、意欲的で自主的な、楽しいものとなるように演出することです。個別訓練計画書では、個々の目標設定がありますが、「〇〇ができる」というようなリハビリ目標は当然あるとしても、生活へのアプローチは少ないのではないかと思います。「自分で買い物に行けるようになる」とか「自立してトイレができる」といったような日常生活に密着した目標設定が必要でしょう。また、短期的には、家族との外出を楽しめる、デイサービスの外出行事に独歩で参加するなど、楽しみを伴う目標設定こそ、生活を支援するデイサービスらしい目標設定であるように感じます。

利用者の取り組み意欲を高め、職員が笑顔で支援する、これこそ能動的なデイサービスではないでしょうか。利用者が意欲を持って、生き生きと活動するデイサービスに転換する、そのような積極的な目標を、ぜひとも職員の会議で話し合っていただきたいと思います。

ひとり生活相談員が、地域との連携や居宅のケアマネとの協同に奮闘しているのは、決して好ましいことではありません。一人ひとりの職員が、独自の創意工夫を行い、地域の人々を意識した活動ができるようになれば、デイサービスは明るい開かれたものになってくるでしょう。そういう意味での意識改革は、独自の勉強会を開いて大いに学ぶべきです。

このような職員の意識改革を背景としなければ、地域の医療機関との連携はうまくいかないでしょう。施設長や生活相談員のみが理解していて、一般の介護職員が理解していない中で、医療機関から指導に来てくださった療法士さんがいくら素晴らしい指導を行っても、デイサービスのものとはなりません。一つひとつの取り組みの意義を、職員すべてがしっかりと考える風土を作り出しましょう。風通しの良い組織づくりは、個々の取り組みの意義を職員が理解して行うことであり、いやしくも職員が、通常よりも業務負担が増えたなどネガティブな志向に陥らないようにしてください。

どのような職場でも、新しい取り組みを行うときには、必ず職員は保守的になって、新しいことを負担の増加というように理解しがちです。説明や理解が不十分なまま、新しい取り組みを行っても、ほぼ失敗に帰します。立ち上げには十分な時間とインターバルを取るべきです。また、医療機関でのリハビリを見学する、特養の栄養ケアマネジメントの実際を見聞きするなど、教育や研修の実施も重要です。職員がイメージできないような状況では成功はおぼつきません。

施設長は、まず、このような土壌の整備から取り掛かっていただきたいと思います。施設長の企画力と行動力が試されるのです。また、積極的なムードメーカーとしての役割も果たしてください。施設長の積極性に支えられて、生活相談員も対外的な折衝業務や地域との交流事業に安心して従事することができるのです。

どのような改革でも、受け入れる側の土壌が整備できなければ成功はあり得ません。しっかりと、職員全員に、今回の改正介護保険の内容を周知徹底して欲しいと思います。

　このような土壌をベースとして、地域の諸機関との連携を開始してください。地域との連携の中で最も重要視すべきは医療機関との連携だと強調してきました。リハビリの課題だけでなく、栄養ケアマネジメントを意識したケアを実践しようとするならば、一番に地域の医療機関との連携を構築して、利用者情報を共有できる態勢を目指してください。特に、独立型デイは、併設型デイと違い管理栄養士の関与が難しいですから、栄養指導や管理は医療機関の協力と指導を仰ぐのが適切かと思います。

　また、地域の歯科医師などとの協力も必要でしょう。どこのデイサービスでも食後の口腔ケアには力を入れていると思いますが、誤嚥の予防と口腔内の保清を在宅においても実践していただくためにも、歯科医師から歯科衛生士を派遣してもらい、デイの時間を割いて口腔ケアの指導を行うことも検討してはいかがでしょうか。

　要介護高齢者の在宅生活において、健康管理を適切に行うセンターとしてデイサービスを位置づけ、利用者の情報を集中的に管理する、その中でデイサービスの生活相談員による訪問活動は生きてくるのです。医療機関には、往診以外に利用者宅を訪問するなど、直接指導に入る機能はありません。服薬や食事の管理は、介護によるフォローなしには難しいものがあります。

　とりわけ、糖尿病患者など食事制限と服薬、インスリン注射などの医療ケアは、家族介護者が積極的に協力できるケースは良いですが、独居高齢者では、食事の偏りや制限などは困難で、インスリン注射などでは低血糖症状の問題もあります。デイサービスが、観察と生活指導の機能を合わせて持つことができれば、医療機関との連携は十分に意義のあるものとなります。

7 デイサービスの介護職員に求められるスキルはどう変わる

医療との連携が強化されてくると、デイサービスの介護職員のスキルも変化をしてきます。これまで、介護保険制度や医療制度に関する利用者や家族からの質問は、もっぱら生活相談員や施設長が行っていたと思いますが、利用者の動きが能動的になり、在宅での生活への関与が増加するにつれて、一般職員に対しても利用者や家族からの質問や問い合わせが起きてくることが考えられます。また、生活相談員の活動が対外的な渉外活動を含んできますので、デイサービスの提供時間の中で生活相談員が不在であるというシーンも増えるでしょう。

そのような場合は、一般の介護職員も、ある程度の制度の説明や医療的な質問に答える必要が出てきます。介護技術だけでは、利用者のケアが完結しないケースの増加が予想されます。介護職員も勉強会を開いて、介護保険制度の基本的な内容や新たな制度の変化や加算について学ぶようにしなければなりません。また、職員処遇に直接かかわる「処遇改善加算」の知識も併せて持つようにするべきです。

同様に看護職員も、介護保険制度と連動して動く医療保険制度の変化について、知識を得ておく必要があるでしょう。最近のトレンドでは、医療から介護へ移管されるものも増加してきました。また、在宅生活を充実させ医療的なフォローを強化するような施策も散見されます。

医療保険の改正の内容については、ここでは触れませんのでメディアの報道などには、よく注意していただきたいと思います。

さらに、介護職員に求められる重要なスキルは、医療に関する知識です。特に、機能訓練については、歩行訓練やマシントレーニングでの付き添い程度の内容でしたから、リハビリの基本知識は、絶対に必要となってきます。特に、女性の高齢者では、転倒での股関節部の骨折や骨粗しょう症による痛みなどがしばしば問題になり、既往の方にどのような介助が重要かしっかりと学んでおくことです。また、機能訓練指導員が行っているリハビリは、どのような目的が込められているのか、どこをどのようにして強化しているのか、原理から理解しておくことも肝要です。

それから、必要となるのは、疾患に関する知識です。特養においても、医療的なニーズの強い利用者の受け入れが課題となってきています。介護分野全体でも、医療的なニーズのある利用者へのケアの在り方が、クローズアップされている時代ですから、デイサービスでも例外というわけにはいきません。また、今後認知症高齢者がどんどん増加していくのですから、認知症についての正しい知識とケアは、資格講習を受けるまでもなく重要です。

少なくとも、認知症の種類と特徴を知ることは必須でしょう。アルツハイマー型、脳血管性型、レビー小体型、前頭側頭葉変性症という型別の特徴から始めて、中核症状の理解、周辺症状の理解は、介護職員には絶対的な内容です。デイサービスにおける認知症ケアは、認知症専門のデイのみの課題では、もちろんありません。私見では、認知症の利用者を集めてのケアよりも、一般の利用者も多くいる中でのケアのほうが、より社会性が発揮できるように思います。

また、要介護高齢者に多い疾患についてもしっかりとした理解が重要です。とりわけ、糖尿病の病態については、しっかりとした知識が求められます。血糖値の管理も必要になってきています。場合によれば、在宅でインスリン自己注射が困難で、朝一番でデイサービスに持ち込む利用者もあり得るようになりました。血糖値測定のキットの取り扱いや後始末などの介助を要請されるかもしれません。さらに、重度化した糖尿病患者の利用者へのケアは慎重を要します。昼食時のカロリー制限なども、主食の量などに注意を払うこと、足先などに壊死を伴った利用者の入浴介助の仕方など課題は数多くあります。

重要な疾患としては、やはり脳血管性の疾患として脳梗塞や脳出血などの後遺症のある利用者のケアでしょう。まひの状態から失語などの後遺症についてきちんとした理解を持ってケアに当たるべきです。脳梗塞などは多発性もありますから、利用者の普段からの常態を把握しておいて、少しでもおかしな症状に気が付いたら、看護職員に報告して対処すべきです。

同様に多いものが、心疾患です。心筋梗塞や不整脈を中心とした心房細動など、発作性を伴う疾患には、緊急時の対応も重要になります。施設には、ＡＥＤなども常備されていますから、その使用方法も慣れておくべきでしょう。

他には、要介護高齢者のかかる疾患として、パーキンソン病があります。神経伝達物質のドーパミンの分泌異常によって、能面様の表情やつま先歩き、全身のこわばりなど、介助には注意と技術を要する症状が特徴です。また、レビー小体型の認知症でも、幻視、幻覚だけでなく、パーキンソン症状を特徴としていますから、しっかり知識に加えておいてください。

機能訓練の知識や医療に関する知識に加えて、薬に関する知識も重要です。認知症がある場合に、服薬を嫌がられるケースもありますから、服薬のしっかりした確認とともに、薬剤の効能についても重要です。介護現場では、他者の薬と間違える誤薬もありますから、副作用などの知識も重要です。看護職員を講師にして、薬の勉強会も検討に値します。

最後になりますが、介護職員のスキルにおいて、もっとも重要なものは、コミュニケーションスキルではないでしょうか。「傾聴の技術」の重要性は前述しましたが、サービスが多様化するのに合わせて、コミュニケーションの在り方も多様化してくると思います。サービスの多様化は、業務を複雑化したり、繁忙化したりします。

利用者は、トレーニングマシンで機能訓練を受けていたと思えば、いきなりシーンが入浴に変わったりします。連続した誘導や、積極的な介助が伴うときには、これまでは入浴後ゆっくりと会話しながら髪にドライヤーをかけていたような余裕をなくし、無言でせわしなく利用者を追い立てるようなケアになっていることがあり得ます。午前中のメニューが立て込んで、昼食時間が迫る中、入浴介助に追われてるとき、焦るようなケアになれば、すきをついて事故の可能性が高くなってきます。

このような危機を救うものの一つが、コミュニケーションスキルです。多忙の中にいると、人間は自分のことに集中してしまい、他者が目に入らなくなったりします。寡黙になり、利用者の表情や動作が見えにくくなって、シャワーチェアからの立ち上がり時に、負傷事故を招くのです。コミュニケーションの欠落が招く事故もあるのです。

8 減算イコールマイナス？ そうならない強いデイの作り方とは

ここまで、いろいろな新たな加算が与える様々な影響について見てきました。基本的な事業のトレンドが、「機能の向上」と「栄養ケアマネジメント」による高齢者生活機能の改善にあることも指摘してきました。新たな加算を取るためには、今回の改正では、独立型デイにとっていささか厳しい条件であることも理解いただけたかと思います。

そう考えると、改正の全体の内容は、やはり介護保険財政の健全化に資するために、減算を基調としたものと考えることができます。大規模型デイでは、５％程度の減算になっており、その影響は決して小さくないかもしれません。

新たな加算で、大きなものはと言えば、「生活機能向上連携加算」ですが、外部からのリハビリ専門職が介入して、個別機能訓練計画書にも参画して、本格的なリハビリをデイサービスの中に導入しようとするものですから、これまでのデイの運営とは大きく異なるスキームの導入になります。老健施設の併設型や、リハビリ科を持つ病院を母体としたデイサービスでない限り、簡単に理学療法士や作業療法士などの専門職はおいそれと派遣してもらうことは困難です。

よほど日常から医療機関との良好な連携関係があって、療法士の派遣やアドバイスが比較的に容易に行えるデイでもない限り、算定の困難な加算だと思います。まして、理学療法士や作業療法士などは、病院においても人材が不足しており、おいそれとよその施設に派遣する、深く関与させるなどの余裕はないでしょう。にもかかわらず、このような加算が生まれてきた背景には、要介護高齢者の生活能力を高めるために、「機能の向上」を図るのだという基本的で強固なスキームがあるのだと考えます。

その他の「栄養スクリーニング加算」にしても、「ADL維持等加算」にしても、その手間や手順など要件の厳格さの割には、3~5単位程度という小さなものでしかありません。唯一地域密着型デイのみが、基本報酬の現状維持と8時間以上のサービス提供の場合の増額となっています。しかし、地域密着型はサービス提供エリアに限定がありますし、「運営推進会議」の設置など制約が多いために、全体に与える影響は小さいと思います。

この内容は、一言で言って、デイサービスの特養化であるかもしれません。すでに、特養で導入されてきた「機能訓練の強化」と「栄養ケアマネジメント」を重要視する考え方は、デイサービスに特養のような「利用者のADL向上」というテーマを明確に与え、要介護高齢者の在宅生活を維持するという大目標の達成を課してきたものと考えることができるでしょう。特養では、ADLの向上を達成し、要介護度が改善したケースへの加算を設けています。直近の改正では、訪問介護において、掃除や調理、洗濯などにおいて、ホームヘルパーがすべて行わず、利用者との共同で行った場合に、基本報酬を大きく引き上げるなどの施策が打ち出されました。

また、老健施設では、3か月以内にリハビリを終えて、在宅復帰を推進した場合には、手厚い報酬を課すように変わりました。このように、施設サービスから在宅サービスにいたるまでのすべての領域において、在宅復帰と在宅生活の維持が鮮明に打ち出されたものとなりました。今回の改正において、加算が取れる取れないということではなく、全体のこれからのサービスの流れが、「機能の向上」を図り、ADLの維持、向上を目指すものであることは明らかだと思います。さらに、そのことに加えて、「栄養ケアマネジメント」を導入して、高齢者の体調管理にも注意を注いでいく方針が明確になっています。

まとめると、今回の改正介護保険では、大規模型を中心とした減算基調ではありますが、今後の可能性として、利用者の在宅生活を支え、維持させることに貢献するデイサービスに焦点を当て、そうではないデイサービスとの差別化を図ろうとする意図が読み取れます。

今回は加算が取れないから、従来通りのサービス内容で行こう、減算に合わせて人件費と経費の節減に努め、経営的な安定を図ろうなどと考えているとしたら、大きな間違いであると申し上げます。それこそ、時代の流れを読めない、滅亡への道を緩やかに進もうとする間違った選択であると断言します。

今回の減算基調は、そのような消極的なデイと時代の流れに合わせて改革しようとする積極的なデイとに、振り分ける大きな意味を持っているのです。減算イコール減収、それだけでしょうか。特養のように厳格な入居定員があり、常に収入の上限が見えている介護施設と、デイサービスのように、利用者増に合わせて規模を変えることのできる事業は、その性格が異なります。

減算には、利用者増で対応するのが健全な経営者の発想ではないでしょうか。今回の改正では、これまでのデイにはない様々な内容が付加されています。国の政策だからということではなく、在宅の要介護高齢者は施設入所や入居を選択せず、住み慣れた地域で、自宅で生活の継続を望んでいます。そのためには、基本的な生活動作において、「自立できる」ことが重要な要件となっています。施設に入ることは、主要な生活動作の多くを、介護職員による介助に依存する生活に変わります。「自立できる」ことは、自身の自己実現や尊厳を自ら守り得る貴重なことに違いありません。

在宅生活を支える使命を持ったデイサービスは、改正の有無にかかわらず、利用者の在宅生活が維持され、より豊かになるよう支援することが求められています。今回の改正から読み解けることは、これまでの施設内で行うだけのサービスから在宅へ、利用者の生活全般を支えるより積極的なサービスの構築を促しているのです。

地域の医療機関との連携の構築は容易ではないと思います。しかし、情報交換から始め、連携が成り立てば、明らかにデイサービスの機能訓練は豊かな内容になり、利用者の高い満足度を引き出すことになるでしょう。

管理栄養士の関与がなくても、医療機関の栄養管理と連携できれば、利用者の日常の食生活への積極的な介入が実現し、利用者は安心してデイサービスに通ってこられます。

また、地域の諸機関やボランティア団体、民生委員などの個人に施設を開放することは、地域の介護拠点として、多くの要支援者や将来の利用者を惹きつけ、活発な地域交流の中で利用者が文字通り地域の住民として、安心して在宅生活を送ることにつながるのです。

このような活動は、明らかに他のデイサービスと明確な差別化を実現し、在宅生活を支えてくれると頼もしいデイサービスとして、居宅のケアマネからの紹介をもたらします。

9 「デイは人につく」、この重要ポイントを生かせるかどうかが成否を分ける

減算には利用者増で応える。時代の流れをしっかりととらえたデイサービスの改革は、利用者の積極的な支持を集め、ケアマネからの積極的な紹介を引き出すことができることは、理解いただけたかと思います。

何度も、繰り返しましたが、利用者がデイを替わっていくのは、変化したニーズに既存のデイが応えられないからに過ぎません。デイの怖さは、利用者は常に居宅のケアマネを通して周辺のデイサービスを比較していて、より良いサービス追求しているのです。明確に「辞める」という意思表示もなく、体調不良やショートステイ利用を口実として、さっさとデイを替わっていかれるのです。いつの間にか、欠席が長期欠席となり、欠番となるのです。

特養などの居住施設では、いったん入居したら退居は簡単には行きませんし、退居したい理由も追及することが可能です。デイサービスには、そのような機会がありません。それだけに、時代の流れと利用者のニーズの変化には、敏感に反応する必要があります。

これからの「団塊の世代」は、まず要支援となりデイサービスの門をくぐってきます。この人たちは、「個人主義」と「多様なニーズ」を持った人々であり、「健康志向」の極めて強い人たちです。最近では、いわゆる高齢者登山やハイキングが人気を博し、またサプリメントへの

依存も半端ではありません。

このような人々が、デイに来たとき、じっとテーブルについて黙々と作業をされているでしょうか？　活発に活動しているデイサービスを見れば、開始早々から「団塊さん」が、押すな押すなとトレーニングマシンに並び、順番を待っておられます。そのような方々は、デイは「居場所」なのではなく、利用する、活用する場という認識で来ているのです。

機能訓練の改革は、制度の改正を待つまでもなく、すでに時代の要請でもあります。自身がかかっている医療機関でのリハビリとデイサービスのリハビリがうまくリンクしていれば、利用者は安心してサービスの継続を選択されるのです。

かつては、デイサービスの評判を分けるものの一つが、食事が美味しいということでした。もちろん、その重要性は変わってはいません。普通規模型以下の小規模では、時には外部の配食サービスのような弁当を取り入れているところもありますが、今後これは論外というべきでしょう。適時適温での提供は、食事の温かさ、美味しさを引き出し、独居高齢者のように、冷めた食事をする機会の多い人たちには、大変ありがたいものです。

しかし、これだけではもはや十分とは言えなくなりました。「栄養ケアマネジメント」の導入は、栄養状態の判定を管理栄養士が行うものですが、栄養状態の良、不良の判断だけではなく、どの栄養素が不足、充足してるかなどを検討して栄養指導を行うことを目標としています。

管理栄養士の関与が困難なデイサービスでも、献立におけるカロリー量だけではなく、炭水化物やたんぱく質、カルシウム量なども重要な要素ですので、弁当屋的なレシピでは決定的に不十分です。栄養素の組成まで、しっかりと考慮した献立作成も今後重要になってくるでしょう。

実は、今回の改正には、このような内容が多く含まれているのです。明らかに、特養並みのケアの質が要求され始めたと認識してください。居宅のケアマネは、このようなトレンドには敏感に反応して、併設型の居宅などでは、施設ケアマネや管理栄養士と意見交換をするなど積極的に情報を取集しているのです。

何度も繰り返しますが、介護保険の改正は、単純に基本報酬の増減だけに関心を持ってはなりません。必ず、改正時には、社会保障審議会から、サービスごとの改定事項について答申されて概要が明確に発表されます。みなさんは、必ずこの概要を手に取ってご覧になると思いますが、デイサービス事業所ならば、「通所介護」と「通所リハビリテーション」などデイサービス関連のみをご覧になっているのではないでしょうか。

もちろん、当然のこととして詳しく目を通していただきたいのですが、何百ページに及ぶ改定事項の全容を見てくれとは申しませんが、最低、「居宅介護支援」と特養などの施設サービスの改正内容については、目を通していただきたいと思います。なぜならば、「居宅介護支援」には、ケアマネを通して促したいサービスの流れが加算という形で表れていますし、在宅に及ぼす前に、必ず施設サービスの中に、これからの介護事業の方向性が表されているからなのです。

今回の「機能の向上」や「栄養ケアマネジメント」なども何回か前の施設サービスに登場し、年単位の検証を経て、在宅サービスに及んできました。デイサービスでなぜ？　という疑問をひも解くのは、案外、この施設サービスの詳細を見ることで理解ができることが多いのです。

これまで、今回の改正内容とどのような取り組みが必要か、章を分けてお話ししてきましたが、流れをしっかりと把握していただくだけではなく、改革に取り組むべき内容を深く理解していただくことが重要です。

加算が取れる取れないではなく、小さな加算ほど、将来の方向性を示すアドバルーンのようなとらえ方で、真剣に検討をしていただきたいのです。

その上で、今一度デイサービスの原点ともいうべき、理念と目標に立ち返り、自身のデイサービスの強みと弱さをしっかりと検討していただきたいと思います。

まず、急激な変革は職員がついてきません。リハビリ強化だと言って、いきなりしゃかりきに機能訓練を強化しようとしても実は上がりません。職員の理解と同意、モチベーションの向上が何よりデイでは必要です。

「デイは人につく」と何度も言ってきましたが、その意味をしっかりと考えてください。居住施設ではないデイサービスの、一番の資源は、実は職員であるのです。職員のコミュニケーション能力の高さが、デイサービスの成否を分けると言っても過言ではないのです。

デイサービスの利用者は、家族と同居であれ、独居であれ、多くは孤立感を持った生活をしています。「日中独居」だけでなく、家族のいる夕食時でも、独り居室で食事をしている光景も多くあります。

利用者の孤立感や孤独感を癒やし、その持てる社会性を維持して、在宅生活を継続する意欲を維持していくためには、デイサービス職員の関わりと寄り添いが何より重要かもしれないのです。「あの職員の顔が見たいから」、雪の中でも元気に通ってこられる利用者を抱えるデイサービスこそ、最強のデイサービスだと言えるのです。

【巻末資料】

早わかり！
デイサービスの新設加算一覧とポイント解説

★通所介護・地域密着型通所介護の基本報酬

【ポイント】

今回の改正は、以下のように減算が基調です。時間選択が1時間単位となり、2時間設定の上限が据え置かれるような形ですが、現実には勤務シフトの関係から、減算が現実的な選択となります。

1　通常規模型

〔改正前〕

・所要時間7時間以上9時間未満

要介護1　656単位
要介護2　775単位
要介護3　898単位
要介護4　1、021単位
要介護5　1、144単位

⬇

〔改正後〕

・所要時間7時間以上8時間未満

要介護1　645単位
要介護2　761単位
要介護3　883単位
要介護4　1、003単位
要介護5　1、124単位

・所要時間8時間以上9時間未満

要介護1　656単位
要介護2　775単位

２　大規模型　Ⅰ

〔改正前〕

・所要時間７時間以上９時間未満

要介護１　６４５単位
要介護２　７６２単位
要介護３　８８３単位
要介護４　１、００４単位
要介護５　１、１２５単位

↓

要介護３　８９８単位
要介護４　１、０２１単位
要介護５　１、１４４単位

〔改正後〕

・所要時間７時間以上８時間未満

要介護１　６１７単位
要介護２　７２９単位
要介護３　８４４単位
要介護４　９６０単位
要介護５　１、０７６単位

・所要時間８時間以上９時間未満

要介護１　６３４単位
要介護２　７４９単位
要介護３　８６８単位
要介護４　９８７単位
要介護５　１、１０６単位

3　大規模型　Ⅱ

〔改正前〕

・所要時間7時間以上9時間未満

要介護1　　628単位
要介護2　　742単位
要介護3　　859単位
要介護4　　977単位
要介護5　　1，095単位

⬇

〔改正後〕

・所要時間7時間以上8時間未満

要介護1　　595単位
要介護2　　703単位
要介護3　　814単位
要介護4　　926単位
要介護5　　1、038単位

・所要時間8時間以上9時間未満

要介護1　　611単位
要介護2　　722単位
要介護3　　835単位
要介護4　　950単位
要介護5　　1、065単位

4　地域密着型

【ポイント】

地域密着型のみ据え置いた優遇となっています。

〔改正前〕

・所要時間7時間以上9時間未満

要介護1　735単位
要介護2　868単位
要介護3　1、006単位
要介護4　1、144単位
要介護5　1、281単位

↓

〔改正後〕

・所要時間7時間以上8時間未満

要介護1　735単位
要介護2　868単位
要介護3　1、006単位
要介護4　1、144単位
要介護5　1、281単位

・所要時間8時間以上9時間未満

要介護1　764単位
要介護2　903単位
要介護3　1、046単位
要介護4　1、190単位
要介護5　1、332単位

★通所介護・新設加算の一覧

【ポイント】

新設加算と既存の優遇された加算は、次のとおりです。「機能向上」と「栄養ケアマネジメント」を軸とした特養なみのケアの態勢づくりが重要になります。

医療との連携を構築して、理学療法士等の参画が大きなポイントとなり、機能訓練はリハビリ色が濃厚な色彩を持ってきます。特養や医療の併設型が有利な内容と言えます。

1　生活機能向上連携加算

２００単位／月

※個別機能訓練加算を算定している場合は１００単位（月）

2　栄養改善加算

変更なし　１５０単位／回

※ただし、当該事業所の職員として、または外部（他の介護事業所・医療機関・栄養ケア・ステーション）との連携により管理栄養士を1名以上配置していること。

3　栄養スクリーニング加算
5単位／回
※6か月に1回を限度とする。

4　機能訓練指導員の要件
〈対象資格〉

理学療法士、作業療法士、言語聴覚士、看護職員、柔道整復師またはあん摩マッサージ指圧師に、一定の実務経験を有するはり師、きゅう師を追加する。

5　ADL維持等加算　Ⅰ・Ⅱ
加算Ⅰ　3単位／月
加算Ⅱ　6単位／月
※自立支援・重度化防止の観点から、一定期間内に当該事業所を利用した者のうち、ADL（日常動作）の維持または、改善の度合いが一定の水準を超えた場合を新たに評価する。

6　介護職員処遇改善加算の見直し
加算Ⅳおよび加算Ⅴを廃止する。加算要件Ⅳとは、キャリアパス要件Ⅰ・Ⅱと職場環境要件のいずれかを満たす場合。加算要件Ⅴとは、上記のいずれも満たさない場合をさす。

7　共生型通所介護の新設（省令改正）
障害福祉制度における生活介護、自立訓練、児童発達支援、放課後等デイサービスの指定を受けた事業所であれば、基本的に共生型通所介護の指定を受けられるものとして、基準を設定する。

障害者福祉制度の事業所が、要介護者へのデイサービスを行う場合
・基本報酬　障害者福祉制度の基本報酬の93／100を乗じた単位数
・生活相談員配置等加算　13単位／日

★生活機能向上連携加算の概要

【ポイント】
２００単位の大きな加算が新設されました。これは、明らかに医療機関との連携なしには、成り立たないスキームです。地域の２００床規模でリハビリ設備と診療科のある病院、老健施設との連携の構築がポイントとなるでしょう。

☆単位数　２００単位（個別機能訓練加算を算定している場合は１００単位）／月

・〈算定要件〉訪問リハビリテーション、通所リハビリテーションを実施している事業所またはリハビリテーションを実施している医療提供施設（許可病床200床未満）

理学療法士・作業療法士・言語聴覚士・医師

⬅ デイサービスを訪問

＋ アセスメント実施

デイサービスの職員（生活相談員・機能訓練指導員）

⬅

個別機能訓練計画書を作成

☆リハビリテーション専門職と連携して、個別機能訓練の進捗状況を3月に1度評価

★栄養改善加算と栄養スクリーニングの基本スキーム

【ポイント】

栄養スクリーニングという特養で行われている栄養ケアマネジメントの手法に加算がつきました。加算は小さいですが栄養ケアマネジメントの基本とも言える内容で、デイサービスではどのようにこの内容と取り組むか検討が必要です。

居宅のケアマネと文書で、情報共有することが義務付けられましたから、ケアマネとの連携

関係づくりとコミュニケーションが重要となります。

☆栄養スクリーニングとは？

・利用者に、利用開始時と6か月後の2回、血漿中のアルブミン量を測定して、栄養状態の良否を判定する。

⬅

・栄養状態の報告書と医師・歯科医師・管理栄養士等に行った相談に基づく、利用者の栄養状態情報を文書としてまとめること！

＋

介護支援専門員と情報を共有

★ＡＤＬ維持等加算の要件

【ポイント】

この加算は、単位の少なさの割に煩雑なものとなっています。しかし、ここに国の基本施策である在宅高齢者のＡＤＬの向上をめざし、在宅から施設入居への流れをブロックするというポイントとして、今後の方向性を明確に打ち出したものとして、注目してください。

利用者全員について、1年間の評価機関（前々年度の1月から12月の1年間）終了後の4月から3月までの1年間加算の算定を認める。

・評価期間に連続して6か月以上の利用期間のある利用者、5時間以上の通所介護を受けた利用者を対象とする。

1　総数が20名以上

2　①　要介護度が3、4または5の利用者が15％以上

②　初回の介護認定を受けてから12か月以下の者の数が15％以下

③　機能訓練指導員が、Barthel　Index の測定を6か月ごと2回測定していることその結果報告が90％以上の利用者について行っていたこと

④　ＢＩ利得が上位85％の者について、評価の数字合計が0以上となること

※Barthel　Index とは？

ＡＤＬの評価にあたり、食事、車イスからベッドへの移動、整容、トイレ動作、入浴、歩行、階段昇降、着替え、排便コントロール、排尿コントロールの10項目を5点刻みのスケールで評価、合計点を１００転満点で評価する手法のこと。

※ＢＩ利得とは？

初回に測定したBarthel Indexを「事前BＩ」、6か月後を「事後BＩ」として、「事前BＩ」から「事後BＩ」を引いた数字をBＩ利得と呼ぶ。

★栄養管理マネジメントのイメージ

【ポイント】

栄養ケアマネジメントは、加算の有無ではなく、高齢者の在宅生活を維持するためのポイントとして国の方針が打ち出されたことに注目してください。医療の連携なしには成り立ちません。独立型デイでは、内容をしっかり検討する意味があります。

☆基本は、特養の栄養ケアマネジメントにある。

・医療機関で採決を行い、血漿アルブミンの測定を依頼、データを入手する。

・管理栄養士が、データを分析して、栄養状態の良、不良の程度を判定する。

・データをもとに、医師等に相談、医療的なアドバイスを得る。栄養補助食品の採用や食事量のコントロールを相談する。

・ケアマネに文書でフィードバックして、ケアプランに栄養管理の目標設定を行う。

1　地域包括ケアシステム

①地域の医療機関（病院・クリニック・歯科）／地区民生委員／自治会・婦人会／支援ボランティア団体（障がい、児童）

・地域包括支援センター（地域のデイサービスセンター／認知症支援団体とボランティア／地域の商店会等）

※これらの団体、個人が連携して、地域包括支援センターを中心として「地域包括ケアシステム」を行う。地域の独居高齢者、認知症の住民、児童、生活困窮者などが対象となる。認知症カフェ、子ども食堂、地域交流のイベントや講習会の開催、認知症高齢者の見守り活動、独居高齢者の孤立化の防止などが課題である。

中尾浩康（なかお・ひろやす）

大阪生まれ。福祉施設経営コンサルタントとして、多くの特養ホームなど介護施設運営の業務改善に取り組んでいる。
大阪市立大学経済学部中退。商社、スーパー、塾講師、精密機器メーカー管理職などを経たのち、阪神・淡路大震災、父親の死などを転機に介護分野に転身する。民間企業での財務とマネジメントの経験を生かし、数字と現場の分かる独自の施設経営分析と指導には定評がある。現在は、福祉サポート一滴舎を立ち上げ、施設経営のコンサルティングや講演などに積極的に活動している。

2018年度【決定版《けっていばん》】
改正《かいせい》介護《かいご》保険《ほけん》で変《か》わる
デイサービスの最新《さいしん》生《い》き残《のこ》り戦略《せんりゃく》

2018年5月21日　初版発行

著者　中《なか》 尾《お》 浩《ひろ》 康《やす》
発行者　常 塚 嘉 明
発行所　株式会社 ぱる出版

〒160-0011　東京都新宿区若葉1-9-16
03(3353)2835 — 代表　03(3353)2826 — FAX
03(3353)3679 — 編集
振替　東京 00100-3-131586
印刷・製本　中央精版印刷(株)

ISBN978-4-8272-1126-9　C3036